AF175293

Damian M. Siegmund

Enigmatick

Klassisches und Kurioses aus dem Reich der Kopfnüsse

© Damian M. Siegmund, 2021
Konzept, Diagramme, Cover, Layout

Cliparts: Creazilla

Herstellung und Verlag: BoD – Books on Demand, Norderstedt
ISBN 9783755734109

Prolog

Das erste Kreuzworträtsel wurde bekanntlich 1913 veröffentlicht. In folgenden Jahrzehnten entstanden verschiedene Varianten dieser beliebten Rätselart.
Dieses Büchlein stellt einige dieser Arten vor. Die Aufgaben unterscheiden sich grundsätzlich in puncto Optik und Inhalt von dem herkömmlichen, deutschsprachigen Angebot. Hier steht der visuelle und spielerische Aspekt im Vordergrund. Es wäre auch ratsam die kurzen Erläuterungen zu lesen, bevor man sich ins Vergnügen stürzt. Wer sein Allgemeinwissen im Bereich Kultur (Film / Kino, Literatur, Musik), Sport (Fußball), Tiere, Sprache (Redewendungen, Zitate) oder Geschichte testen will, wird mit diesem Werk gut bedient. Die (restlichen) Fragen bzw. Definitionen basieren auf dem Wortschatz und den Erläuterungen der beiden Standardwerke "Duden - Deutsches Universalwörterbuch" und "Duden - Die deutsche Rechtschreibung". Garniert wird das Ganze mit Wortspielereien in Form kurzer Versrätsel wie Anagramm, Metagramm oder Homonym. Und da es sich hierbei um reine Unterhaltung handelt, ist manche Definition oder Formulierung mit einem Augenzwinkern zu betrachten. Letztendlich sollte dieses Büchlein Kurzweil bieten, Freude bereiten und den Leser zum Nachdenken animieren. Aus diesem Grunde gibt es auch keine Auflösungen am Ende des Buches, sondern eine Liste aller gesuchten bzw. definierten Begriffe. Frei nach dem Motto: Wer sucht, der findet oder auch ohne Fleiß kein Preis.

Viel Spaß beim Knacken der Kopfnüsse!

Meinen Eltern

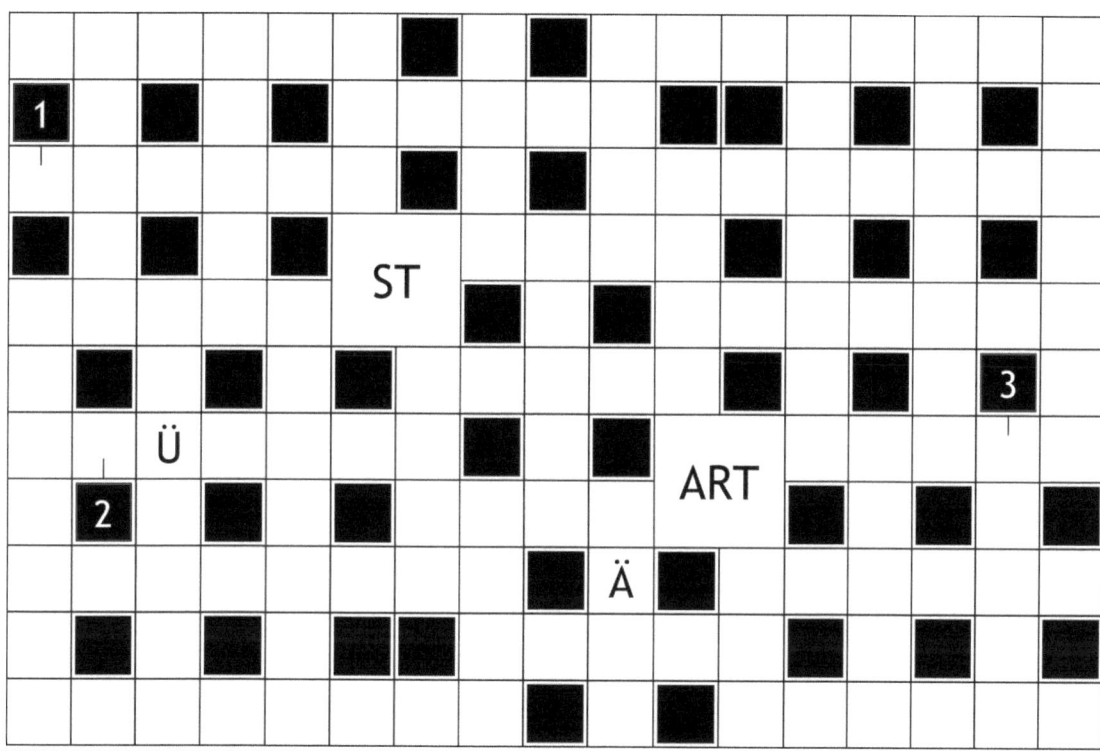

in Reihen:

- Lehre von den Kräften im Gleichgewicht
- Fortschritt, Fortgang
- kleine Ursula (… Glas)
- 1
- Bronchitis - Erkrankung der …
- … Graf, Tennisspielerin
- stillgelegte Müllkippe
- Bitterfisch, Pfrille
- Spielkarte im deutschen Kartenspiel (Bube)
- 2
- vorgeschichtliches Werkzeug

- Einstellung, Gesinnung
- Adressant oder Expedient
- im Fernsehen eingeblendete Schautafel
- kleine Menge
- "Doktor … und seine Tiere" - Kinderbuch von H. Lofting
- Paul Gauguins "Südsee-Paradies"

in Kolumnen:

- Metallschwund beim Schmelzen (Hüttenwesen)
- schnepfenähnlicher Vogel (Anagramm von Liter)

- … blasen (ugs.) = traurig sein
- Schlucht im Wald
- Eintreffen, Erscheinen
- "Das Leben ist kurz, die … ist lang." (Hippokrates)
- 60 Minuten
- Winkel (im Raum)
- Blauer Planet
- japanische Matratze
- Edith, "Der Spatz von Paris"
- … schließt den Magen
- Spezies der Fauna
- Varietee- oder Zirkuskünstler
- unzufriedenes Gebrumme
- weder … noch Fleisch (sein)
- Schwester der Iphigenie
- 3
- Gerippe, Knochengerüst

2. Metagramm

knapp und treffend

In der K _ _ _ _ liegt die W _ _ _ _

3. Metagramm

à gogo

In H _ _ _ _ und F _ _ _ _

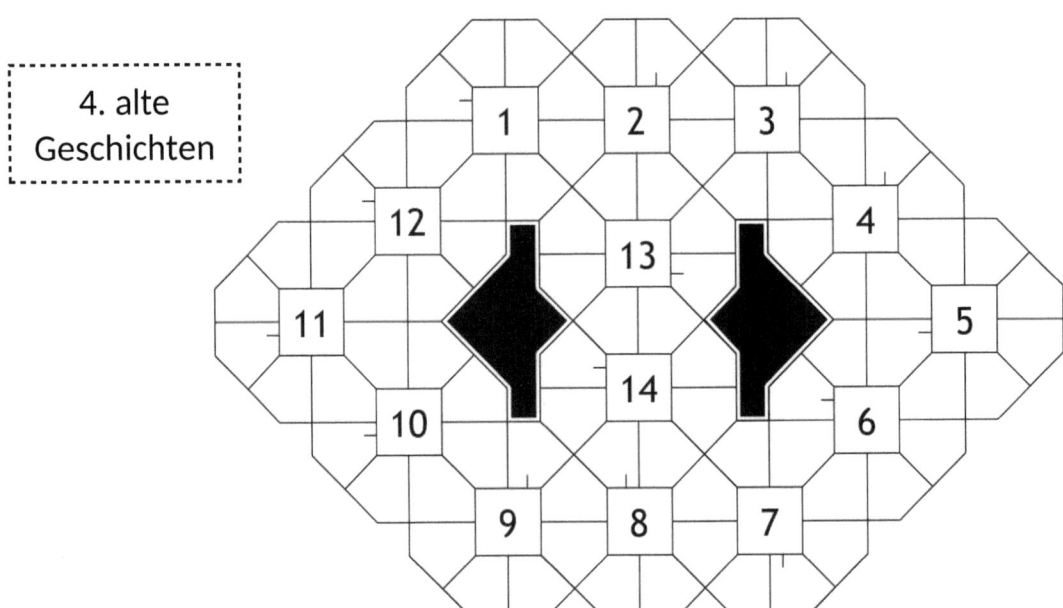

im Uhrzeigersinn (↻)

1 Elisabeth (gen. Sisi), ... von Österreich und Königin von Ungarn

2 Fraufräulein

3 Gattin eines Barons

4 Herrscherhaus (Hohenzollern, Habsburger)

5 "... der Kommunistischen Partei" (1848)

6 Kommende des Deutschen Ordens

7 1652-54 erster englisch - niederländischer ...

8 Feuerrohr (seit dem 15. Jh.); Hakenbüchse

9 katholischer Orden, 1534 von Ignatius von Loyola gegründet

10 Ostslawen (in) der Habsburgermonarchie

11 "... des Proletariats", von Marx und Engels geprägter Begriff

12 Aufsicht und Verantwortung des Grundherrn gegenüber seinen Abhängigen im Frankenreich

13 legendäres Gold-Depot der USA (seit 1937; 4,4)

14 Faschistischer ..., verfassungsgebendes Gremium des italienischen Faschismus

---

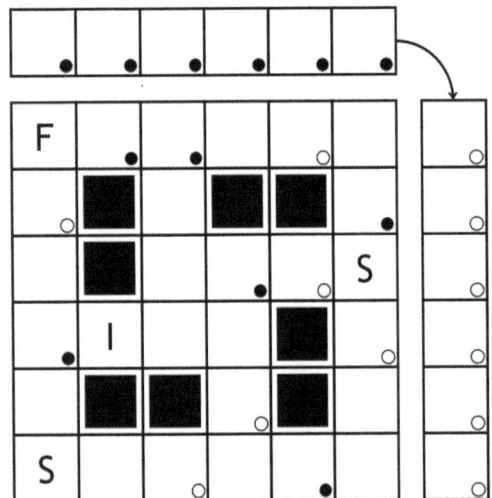

5. Mini-Kreuzgitter

Die Buchstaben aus den "gepunkteten" Feldern - entsprechend übertragen - ergeben die Lösung.

in alphabetischer Reihenfolge:

□ ... um ..., Zahn um Zahn

□ Gerstensaft

□ Sieger im Wettkampf

□ Feuer und ... (sein)

□ US-Wirtschaftsmagazin mit einer Liste der Topverdiener des Jahres

□ ... N' Roses (Hard-Rock-Band)

□ schwalbenähnlicher Vogel

□ interkontinentales Gebirge mit Narodnaja

waagrecht:

4 Wirtschaftssektor mit Geld- und Kreditinstituten
9 sich lehren lassend
10 Ablehnung jeder staatlichen Gewalt und Ordnung
11 Samuel, irischer Schriftsteller ("Warten auf Godot")
12 wollenes Kleidungsstück
18 Jahrhundertpflanze
20 Vorsteher eines Kapuzinerklosters
21 "Robin ... - König der Diebe", Abenteuerfilm (1991)
22 Maximus - Russell Crowe, Lucilla - ? (6,7)
24 Rundgang in "Verkehrsgewühl"
26 ... Ronstadt, US-Sängerin ("You're No Good", 1974)
27 "gewichtiger" Männername
28 Anbaufläche für Frühjahrsgemüse
30 amtliches Schriftstück
31 Herr aus Mainhattan
32 ichsüchtiger Mensch
33 US-Schauspielerin ("Alarm im Weltall"; 4,7)

---

6. Kreuzwort

senkrecht:

1 Spitzname der Rugby-Nationalmannschaft aus Neuseeland (3,6)
2 moderner Gesellschaftstanz (3,3,3)
3 Tod, Hinschied (gehoben)
4 Ankerwinde mit waagerechter Welle (Seemannssprache)
5 Herzkurve (Mathematik)
6 Sittenlehre
7 Bieter mit dem Zuschlag
8 Gegenwort zu Netto
13 Jagdhelferin
14 Abflusskanal, -graben
15 "... of the Night", Album (1982) der Band Kiss
16 sommerliches Vergnügen im Freien (für "etwas Farbe")
17 Daten bearbeiten (EDV)
19 Gruppenphase einer Fußball-EM
23 Richtblei
25 Nora, US-Drehbuchautorin und Regisseurin ("Schlaflos in Seattle")
29 im ... des Gefechts = in der Eile

- □ frei stehende Säule
- □ Stierkämpfer
- □ zerknallen; bersten
- □ Schwester von Antigone
- □ Säule, senkrechte Reihe
- □ Seele (Philosophie)
- □ großer Ausflug
- ○ Gesims mit s-förmigem Querschnitt (Architektur)
- ○ (so) einen … kriegen (salopp) = einen roten Kopf bekommen
- ○ (Berufs)schriftsteller
- ○ Region mit Montecassino
- ○ großer Musiker ("Meister")
- ○ Mineralstück (Geologie)
- ○ leere Seite in einem Buch
- ● Speise in der Dose
- ● Film "mit Hand und Fuß" aus **Ost**asien
- ● … XVI - Nachfolger von Johannes Paul II.
- ● Angehöriger eines iranischen Nomadenvolkes
- ● Stadt an der Etsch (Provinz Trient (Anagramm aus ROTE VOR E)

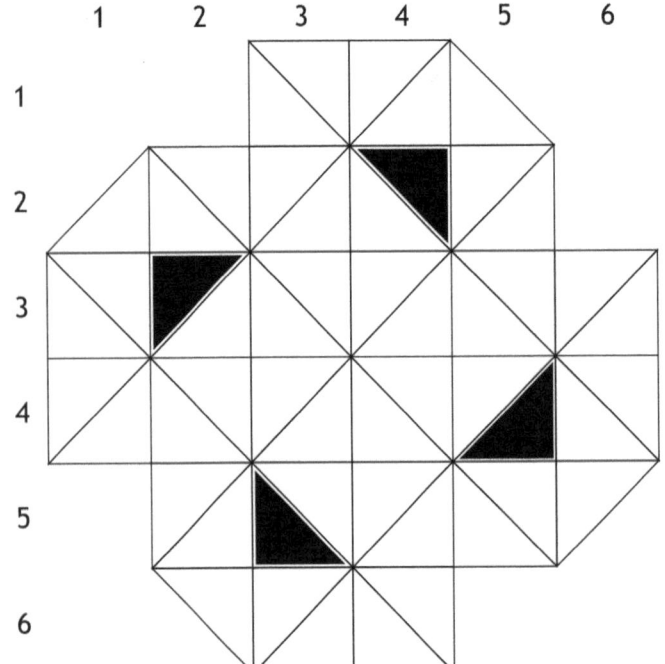

waagrecht:
1 Einnahme (aus einem Verkauf)
2 knappe Darstellung, Übersicht
3 Büchse
4 geschlossener PKW
5 Kunststoff zum Beschichten von Pfannen
6 zerfallendes Bauwerk

senkrecht:
1 Knoblauchsoße
2 Gerd Müller - … der Nation
3 Fernweh
4 hörbar durch die Nase atmen
5 (umfassende) Versammlung kirchlicher Würdenträger (kath. Kirche)
6 (Gottes) Gunst

9 | 6 x unsere Nachbarn

in alphabetischer Reihenfolge:
○ waagrecht ● senkrecht

- ● langsames Musikstück
- ○ Land glückseligen Lebens (gr.)
- ○ Stadt im Piemont
- ● Tropenfrucht (Musa, Pisang)
- **6** im Westen
- ● mittelamerikanische Paprikaart
- ○ Agatha Christie - "Queen of ..."
- **4** im Norden
- ● männliches Schwein
- ○ ohne Mut
- **5** im (Süd)westen
- ○ am Anfang liegend, zeitig
- ● Getue, Anstellerei
- ● Lebenshaltung der Gruftis
- ● einheimische Getreidesorte
- ○ Wasserzapfstelle
- ● Halbedelstein mit erhaben her-
  ausgearbeiteter figürl. Darstel-
  lung
- ○ letzter Tanz einer Veranstaltung
- ● Abort, Abtritt (veraltet)
- ● für die nahe Zukunft angestrebter
  Plan
- ○ Überbleibsel einer Wunde
- ○ Anhänger des neuen Nationalso-
  zialismus (nach 1945)
- ● chemischer Kampfstoff
- ● Spaghetti oder Farfalle
- ○ Backpfeife
- ● Art der Jagd (auf die ... gehen)
- **1** im (Nord)osten
- ○ löst gerne Denkaufgaben
- ● Schiedsrichter (engl.)
- ○ ziemlich feucht (nach Schauer)
- ○ Spalt, Ritze
- ● "Was darf die ...? Alles." (Kurt
  Tucholsky)
- **2** im Süden
- ○ Schifffahrt auf dem Meer
- ○ Eric, franz. Filmkomponist ("Das
  fünfte Element")
- ● Schälrippchen (engl.)
- ● altgriechische Philosophenschule

○ Bühne als Ort der Handlung
○ Lone Star State in den USA
● lebt in der ältesten Stadt
Deutschlands

3 im (Süd)osten
● (einmaliges) Einzelstück
○ Druckreihe
○ Eisenkarbid

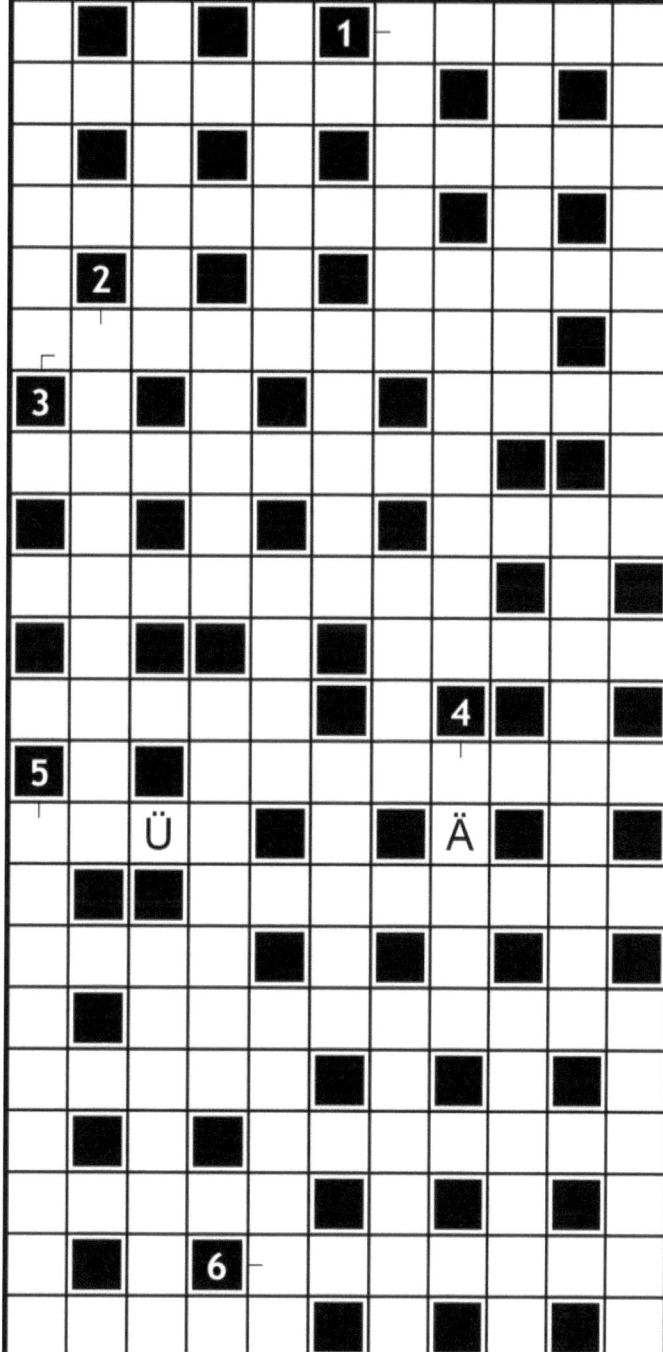

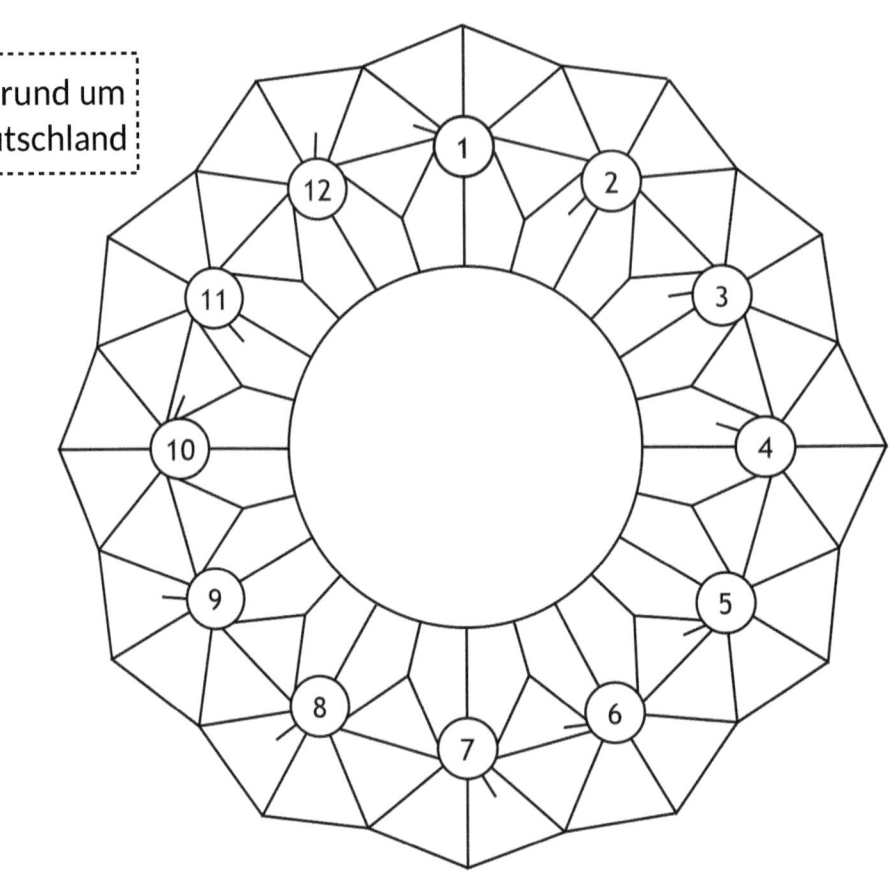

10. rund um Deutschland

im Uhrzeigersinn (↻):
1 Geburtsstadt Luthers
2 höchster Berg des Schwarzwaldes (1493m)
3 größtes Land des Deutschen Reiches (1871–1945)
4 Autochthone aus Münster- oder Sauerland
5 … bei Bautzen (1813)
6 Schleswig-… - nördlichstes Land der BRD
7 (heutige) A 555 - erste … in Deutschland (1932; "Diplomaten-Rennbahn")
8 Gebiet in NRW (ugs.)
9 Sitz der Regierung von Niederbayern
10 Konrad, erster deutscher Bundeskanzler
11 … Joseph Ratzinger (später Papst Benedikt XVI.)
12 Landschaft im östlichen Niedersachsen

Franz ●●●●●	Joseph Conrad	Ernest Hemingway	11. literarisches Bilderanagramm
Der Prozeß	●●●● *Jim*	*Der alte Mann und das* ●●●●	**Aus den Buchstaben der drei gesuchten Begriffe** (gepunktete Stellen) **kann man den Vor- und Nachnamen eines Autors aus Niederösterreich bilden (AK).**
Roman	Roman	Kurzroman	

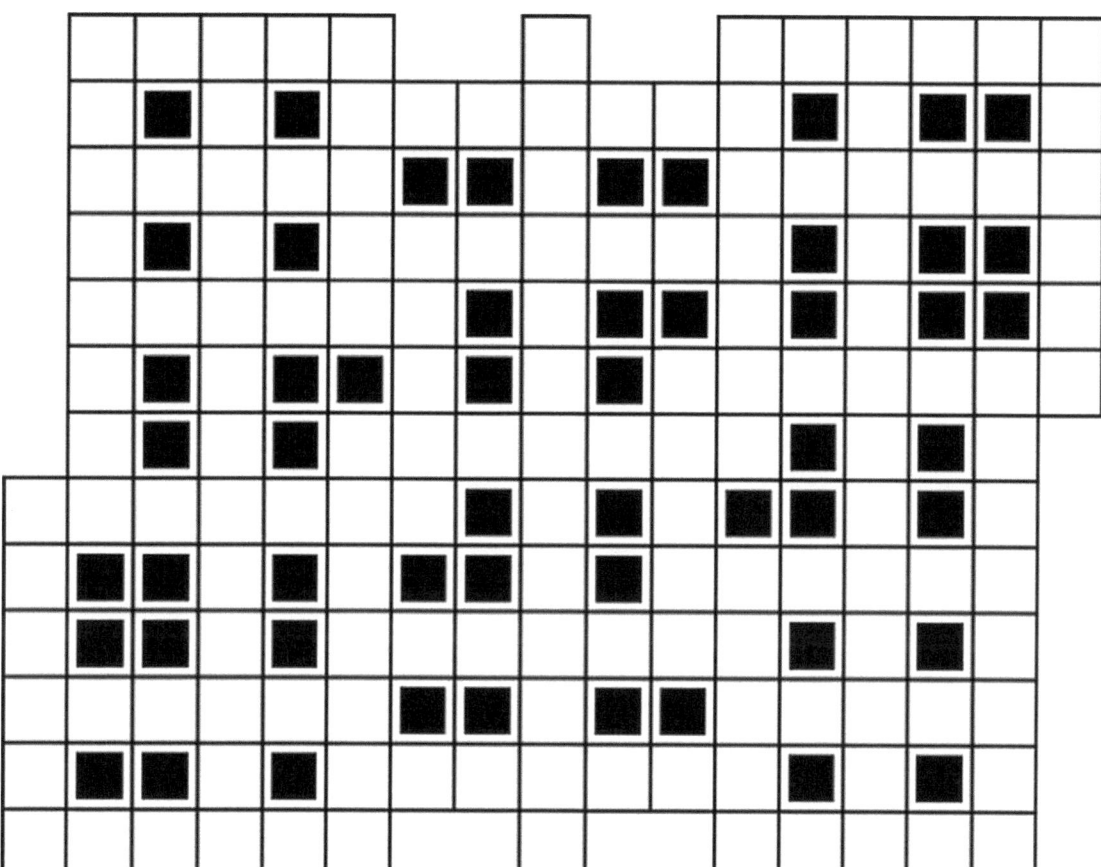

in Reihen:

- ○ polnischer Eintopf aus Sauer-kraut, Schweinefleisch, Pilzen u.a.
- ○ Aphrodite - ... der Liebe
- ○ Beutestück als Siegeszeichen
- ○ literarische Gattung
- ○ Johannes der ..., Wegbereiter Jesu Christi
- ○ nordamerikanischer Farmer
- ○ "Mädchen mit dem gewissen Etwas" wie Clara Bow (2,4)
- ○ Henry Fonda : Peter - Sohn, Bridget - ?
- ○ größte Stadt der USA
- ○ "Das hässliche ..." (Märchen)
- ○ Omar, Filmstar aus Ägypten ("Doktor Schiwago")
- ○ Angebot; Preisvorschlag
- ○ Kriechtier

- ○ ... Fiennes, Schauspieler (Lord Voldemort in der Harry-Potter-Reihe)
- ○ ... Banderas, Filmstar aus Spa-nien
- ○ Richard, Schauspieler (Albus Dumbledore in den ersten, bei-den Harry-Potter- Filmen)
- ○ "süße" Unterhaltungsmusik

12. Kreuzwort

in Kolumnen:

- ○ Obermetropolit (Ostkirche)
- ○ nomadische arabische Wüsten-bewohner
- ○ Komödie mit Brenda Blethyn (2000)

- ○ Harrison + Lennon + McCart-ney + ...
- ○ ... Cage (Schauspieler) oder ... Roeg (Regisseur)
- ○ Woody, Regisseur und Schau-spieler
- ○ Antikriegsfilm von Francis Ford Coppola (1979) (10,3)
- ○ "... ist das Leben, heiter ist die Kunst" (Schiller)
- ○ Drink oder Aperitif
- ○ Held, Halbgott
- ○ gehört zur Ausrüstung eines Froschmanns
- ○ Odyssee - lange, abenteuer-liche ...
- ○ Edward, amer. Schauspieler ("Fight Club")

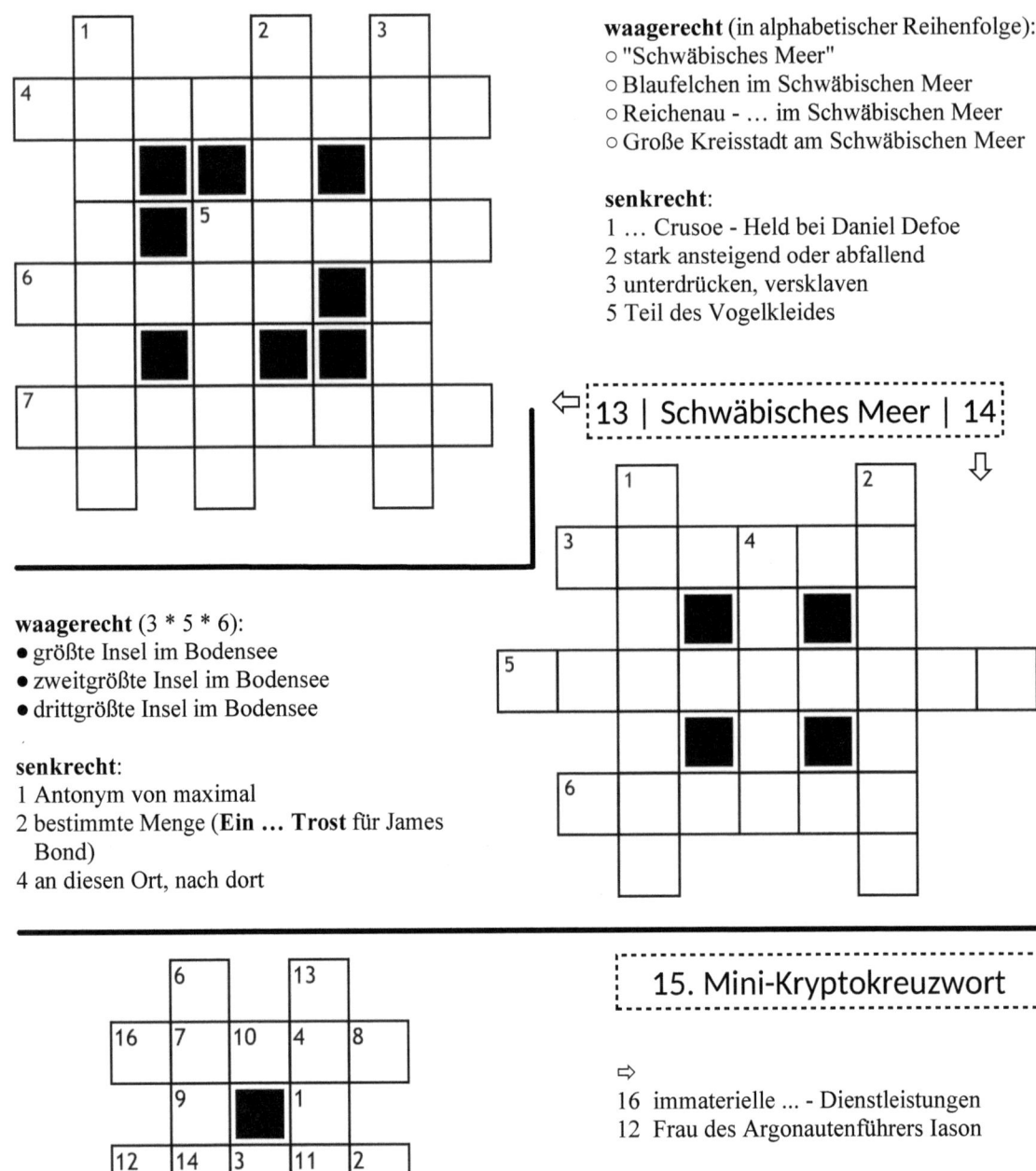

waagerecht (in alphabetischer Reihenfolge):
o "Schwäbisches Meer"
o Blaufelchen im Schwäbischen Meer
o Reichenau - ... im Schwäbischen Meer
o Große Kreisstadt am Schwäbischen Meer

senkrecht:
1 ... Crusoe - Held bei Daniel Defoe
2 stark ansteigend oder abfallend
3 unterdrücken, versklaven
5 Teil des Vogelkleides

13 | Schwäbisches Meer | 14

waagerecht (3 * 5 * 6):
● größte Insel im Bodensee
● zweitgrößte Insel im Bodensee
● drittgrößte Insel im Bodensee

senkrecht:
1 Antonym von maximal
2 bestimmte Menge (**Ein ... Trost** für James
  Bond)
4 an diesem Ort, nach dort

15. Mini-Kryptokreuzwort

⇨
16 immaterielle ... - Dienstleistungen
12 Frau des Argonautenführers Iason

⇩
 6 gerät leicht in Zorn
13 Erderschütterung

unsere Bundesländer

in alphabetischer Reihenfolge
○ waagrecht ● senkrecht:

- ● Beiwort
- ● mit Wasserfarben gemaltes Bild
- ○ Arbeitsstätte eines Künstlers
- ○ "My home is my ..." (Mein Heim ist meine Burg)
- ● Unheil, Unglück, Missgeschick
- ○ überzuckerte Frucht
- ● Gattin + Gatte
- ● zur Kühlung dienendes Päckchen
- ● Metall (Fe)
- ○ Profit, Gewinn
- ● kleines Langohr
- ● Verfasser von kurzen Abhandlungen
- ● Sittenlehrer
- ○ Ausschwitzung (Medizin)
- ● Teil des Ohres
- ● unreifes Korn einer Weizenart (Dinkel, Spelz)
- ○ "Ich habe [es] gefunden" - Ausruf des Archimedes
- ○ Anzeige, Annonce
- ● Verrückter, Wahnsinniger
- ○ dreiviertellange Damenbluse
- ● Schwiele (Med.)
- ○ ohne zu jammern (sich ... in sein Schicksal fügen)
- ○ Kraut mit Brennhaaren
- ○ "Die Waffen ...!" - Roman von Bertha von Suttner
- ○ einheimischer, unscheinbarer, Fasanenvogel
- ○ aus dem ... laufen = außer Kontrolle geraten
- ● Heißluft- und Dampfbad
- ○ Sprühmittel (wie Deodorant)
- ○ Ballspiel (gegen eine Wand)
- ○ Sonne als Himmelskörper
- ○ ... Spielberg, Regisseur ("München", 2005)
- ○ aus sieben Teilen bestehendes puzzleartiges Spiel
- ● Aussteller einer Tratte

16. Film : **1** - Satire von Helmut **2** mit Götz **3** und Uwe **4**

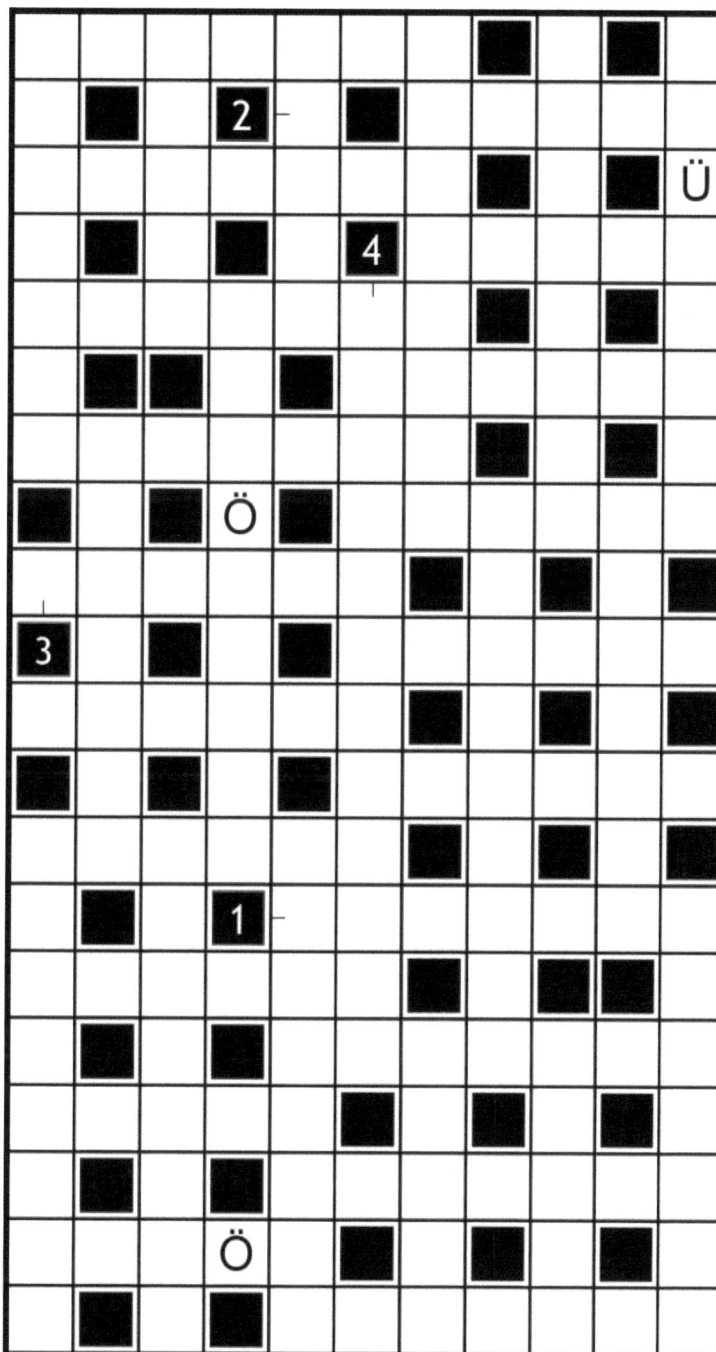

13

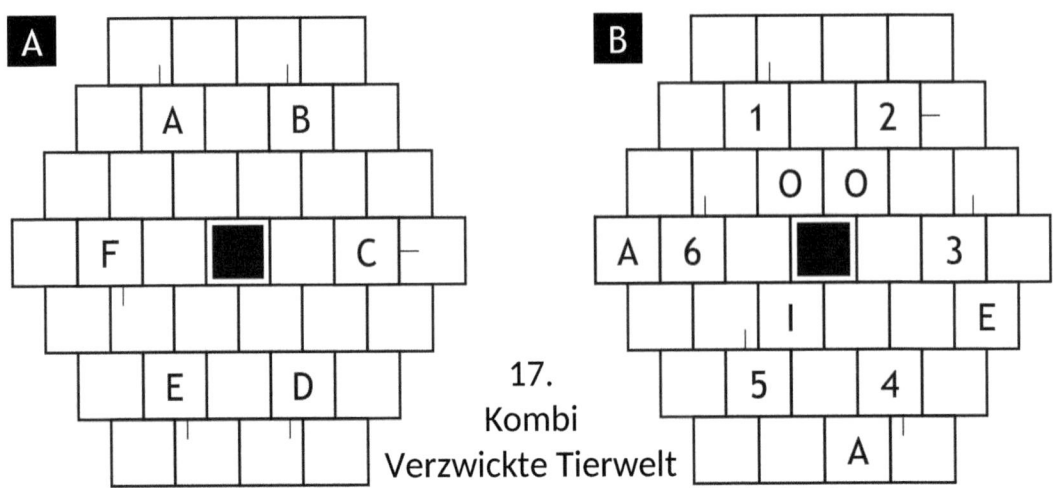

17.
Kombi
Verzwickte Tierwelt

Die mit Ziffern versehenen Stellen in den Definitionen sind mit Vertretern der heimischen Fauna zu ersetzen, so dass vollständige Erläuterungen entstehen. Die Tierbezeichnungen (drei Vögel, Säugetier, Amphi-bie, Fisch) kann man dann ins *Diagramm B* eintragen.

Diagramm A (↻):
A … der 1 - grüner Protagonist der Muppet Show
B Meister … - 2 in Märchen und Fabeln
C nordamerikanischer 5
D "Unser … Doktor 3" (Familienserie)
E 4 = mit heftiger oder unfreundlicher … kurz und knapp (gesagt); brüsk
F 6 - Symbol für Reformator … Luther

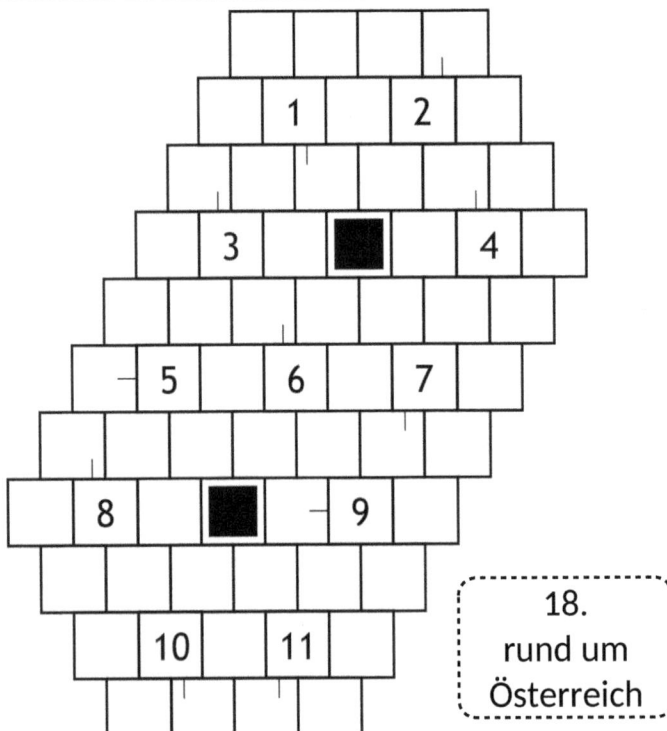

18.
rund um Österreich

im Uhrzeigersinn (↻):
1 Landschaft in Niederösterreich
2 Naturhistorisches … Wien (NHM)
3 Sozialdemokratische … Österreichs (SPÖ)
4 Carinthischer … - Musik- und Kulturfestival in Kärnten
5 "Brühwürstchen" aus der Hauptstadt
6 Hohe … - größter Nationalpark Österreichs
7 Schutzpatron des Landes Salzburg
8 Herr aus der Landeshauptstadt von Steiermark
9 Steirischer … - internationales Festival für zeitgenössische Kunst
10 Herr aus der Landeshauptstadt von Oberösterreich (oder … Torte)
11 Vergnügungspark in Wien mit Riesenrad

Anfangsbuchstaben:
G-H-L-M-P-P-R-S-T-W-W

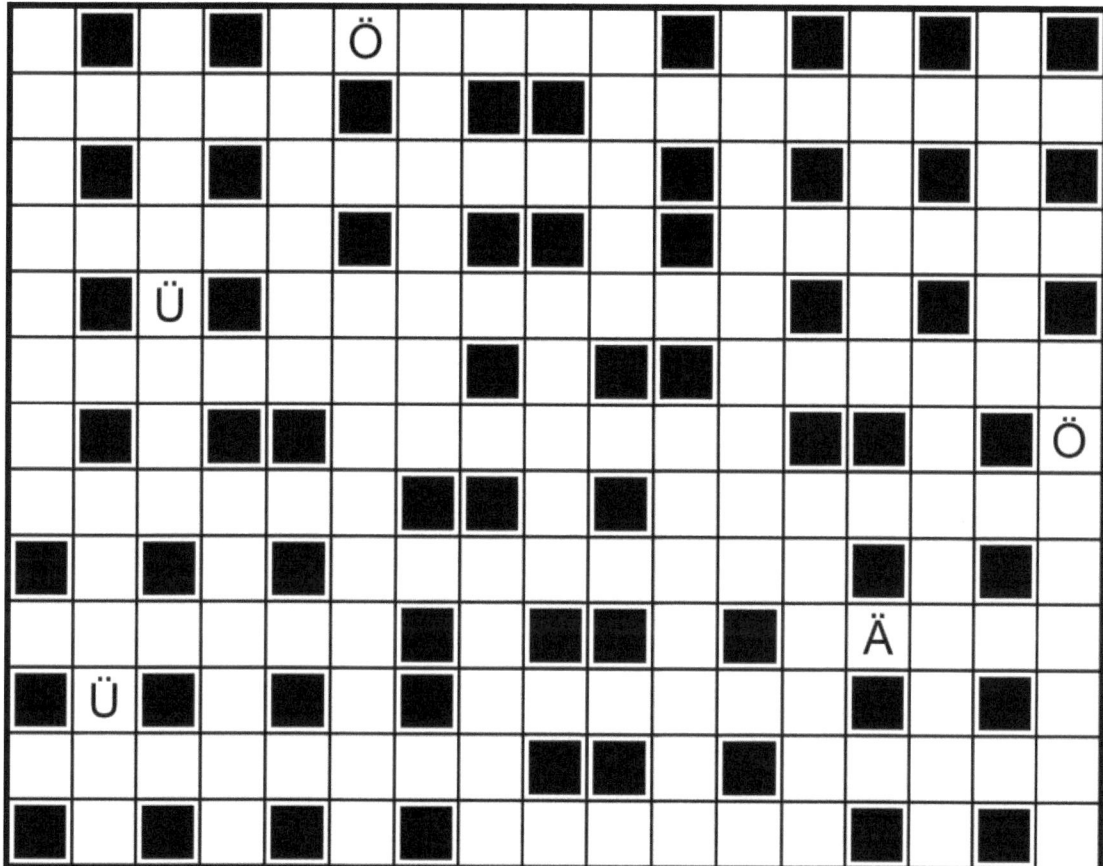

in alphabetischer Reihenfolge

- waagrecht □ senkrecht:
- lebt im Hauptort des Kantons Aargau
- □ Ausklang, (wehmütiger) Abschied
- □ deutsches Wappentier
- Angehöriger eines germanischen Volksstammes
- ätzende, chemische Verbindung
- □ auffallendes Benehmen, Gehabe
- Vogelschauer und Priester im antiken Rom (Plural)
- "Die ... Maja" + Willi
- □ Jorge Amado - Brasilianer, Pablo Neruda - ?
- Schaden, Fehler

- "Holiday on Ice" als Show
- Aufsehen; Knall
- □ in den Tropen und Subtropen lebende Fledermaus
- Henkergerüst

---

19. Kreuzgitter

- □ Federvieh
- □ in den USA verliehener Musikpreis
- □ größtes zusammenhängendes Hopfenanbaugebiet der Welt
- □ 10 000 m²
- □ auf dem Rap basierender Musikstil
- Zierde eines Dromedars
- Abart des Zirkons
- feiner, versteckter Spott

- eine gute ... führen = gut fechten
- Ausbilder, Erzieher
- □ Charakterzug eines fleißigen Schülers
- □ Gemecker
- Kiefer der Mittelmeerländer
- sachlicher, nüchterner Mensch
- □ ärztliche Verordnung
- □ Fluss durch Basel
- grobes, poröses Gewebe aus Jute (oder Gans ...)
- □ Vegetationszone mit Elefantengras
- □ einfacher, schmaler Schrank
- □ schräge Stütze (besonders am Dach)
- "... am Mohawk" - Western von John Ford (1939)
- Träne (poet.)

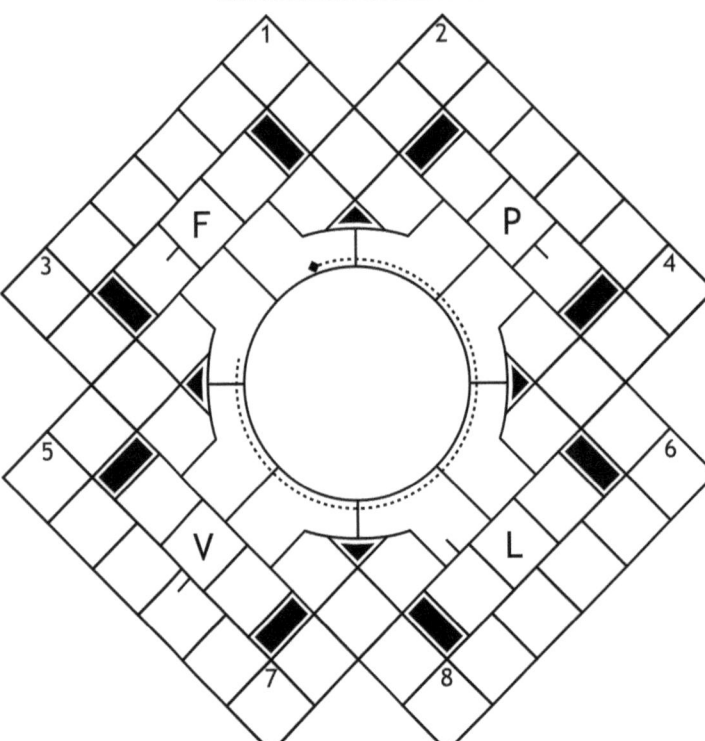

20. Schräglage

⟲⟳
1-3 ohne ... kein Preis (Sprichwort)
1-6 MGM, Paramount oder Babelsberg
2-4 ..., Stein, Papier - beliebtes Spiel(chen)
2-5 Rarität
3-8 Aufzeichnung in Kurzschrift
4-7 unser Mond
5-7 musikalische Stufenfolge
6-8 hartes, sprödes Platinmetall

im Uhrzeigersinn (⟲):
○ "Der Mann aus ..." - Western (1955) mit James Stewart in der Titelrolle
○ "Herr der ..." - William Goldings erfolgreichster Roman
○ in der ... sitzen - in Schwierigkeiten sein
○ Vincent, gilt als einer der Begründer der modernen Malerei (3,4)
■ Gewürzpflanze mit feinem Anisaroma

im Uhrzeigersinn (⟲):
1 wichtigste Weltmesse des internationalen Kunstmarktes (3,5)
2 Frauengestalt als Sinnbild der Schweiz
3 Hochgebirgsteil mit Piz Bernina
4 Walliser ... - aromatischer Rohmilchkäse
5 viertgrößte Stadt der Schweiz
6 Jungwacht ... - Kinder- und Jugendverband in der Schweiz
7 Solothurner ... - bedeutendstes Filmfestival für den Schweizer Film
8 Uri, Schwyz oder Unterwalden als Keimzelle der Schweizer Eidgenossenschaft
9 St. Galler ... - politisch-geographische Region im Kanton St. Gallen

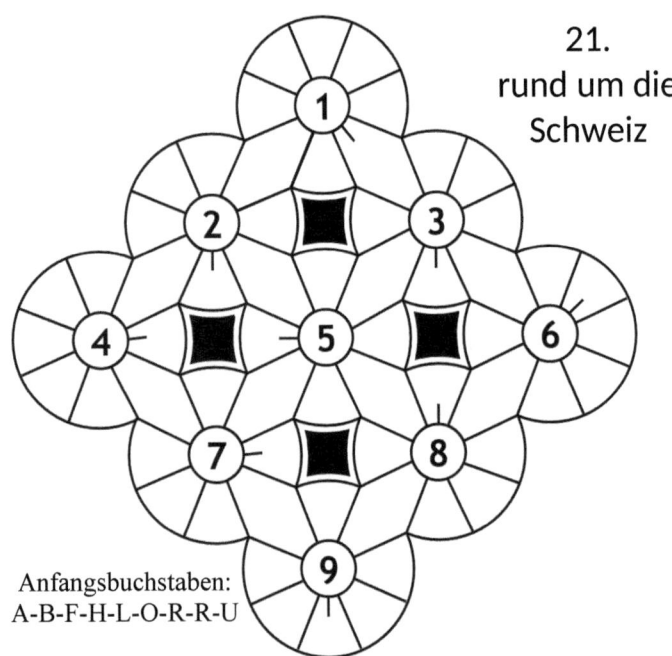

21. rund um die Schweiz

Anfangsbuchstaben: A-B-F-H-L-O-R-R-U

22. Kreuzgitter

waagrecht (□) | senkrecht (■)

- ■ Anschlag, Plakat (franz.)
- ■ Georges, franz. Komponist ("Carmen")
- □ Lokalrivale von Glasgow Rangers (Fußball)
- □ Strophe im Jazz
- ■ freie Entfaltung der poetischen Fantasie (ursprünglich; 12,8)
- □ Linienführung beim Schreiben, Zeichnen, Malen
- □ Titel und Anrede für höhere Beamte (in der Türkei)
- ■ Rügen als Insel aber nicht als Maßregelungen
- □ Nachspiel im Drama
- ■ Beiname von Wilhelm I. (11. Jh.)
- □ Auszeit für Körper und Geist (ab Aschermittwoch)
- □ ... und Gretel (Märchen)
- □ Duke of Cornwall = ... von Cornwall
- ■ Herumspringen, -tanzen (ugs.)
- □ Eiszeitspaß mit Faultier Sid (3,3)
- □ rötlicher Tafelapfel
- ☺ "Benützt ... beidseitig und der Erfolg liegt auf der Hand"
- □ Bernhard, erste Nummer 1 der 1986 neu errichteten Golfweltrangliste
- ■ Diego, argent. Legende des Weltfußballs
- □ langer Weg zu Fuß
- ■ Oktogon, ..., Dekagon
- □ ... bieten = sich entschieden zur Wehr setzen
- ■ Schleimhautwucherung oder Nesseltier
- □ alte Form des Rundtanzes (Anagramm: Eigner)
- □ ärztliche Verschreibung oder Verordnung
- □ exklusive Abendgesellschaft (franz.)
- □ Westslawen aus der Lausitz
- ■ einfaches Gerät zur Herstellung von Fäden
- □ Wandverkleidung
- □ kurzer Filmtrailer
- ■ kleine Gitarre mit vier Stahlsaiten
- ■ unser kleinster Hühnervogel
- □ nordamerikanischer Rothirsch

17

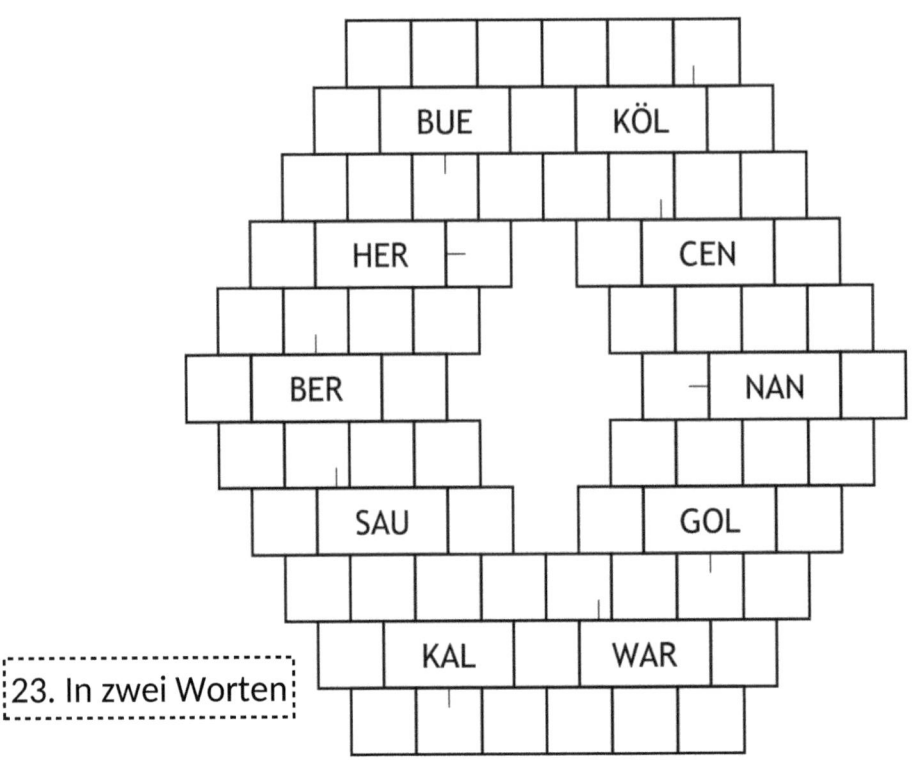

23. In zwei Worten

in willkürlicher Reihenfolge (im Uhrzeigersinn):

- ☐ angenehme Brause für Frostbeulen oder Fußballer (nach dem Spiel) (5,6)
- ☐ eingelegtes Gemüse für das Sommerloch (5,6)
- ☐ "eisiger" Konflikt zwischen den Westmächten und dem Ostblock (1947-89) (6,5)
- ☐ Film (2010) von Joseph Vilsmaier über eine Himalaya-Expedition (5,6)
- ☐ grüne Lunge von New York (7,4)
- ☐ offizieller Spitzname des US-Bundesstaates Kalifornien (6,5)
- ☐ Pippi Langstrumpfs Äffchen (4,7)
- ☐ politisches und wirtschaftliches Zentrum Argentiniens (6,5)
- ☐ Talkshow im WDR Fernsehen (6,5)
- ☐ Wappentier der deutschen Hauptstadt (8,3)

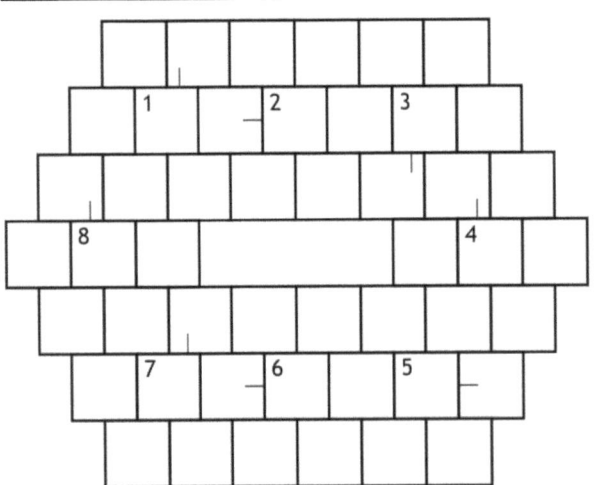

24. In zwei Worten

Jeder gesuchte Begriff besteht aus zwei Wörtern (Beispiel: Rush Hour > 1-Rush, 2-Hour)

im Uhrzeigersinn (↻ | erster Buchstabe im Ziffernfeld):

1+2 mysteriöses Gebiet im westlichen Atlantik

3+4 Hosea im Gegensatz zu Jeremia

5+6 Buch mit Hosea und Jeremia

7+8 führender US-Schauspieler ("Wall Street", "Basic Instinct")

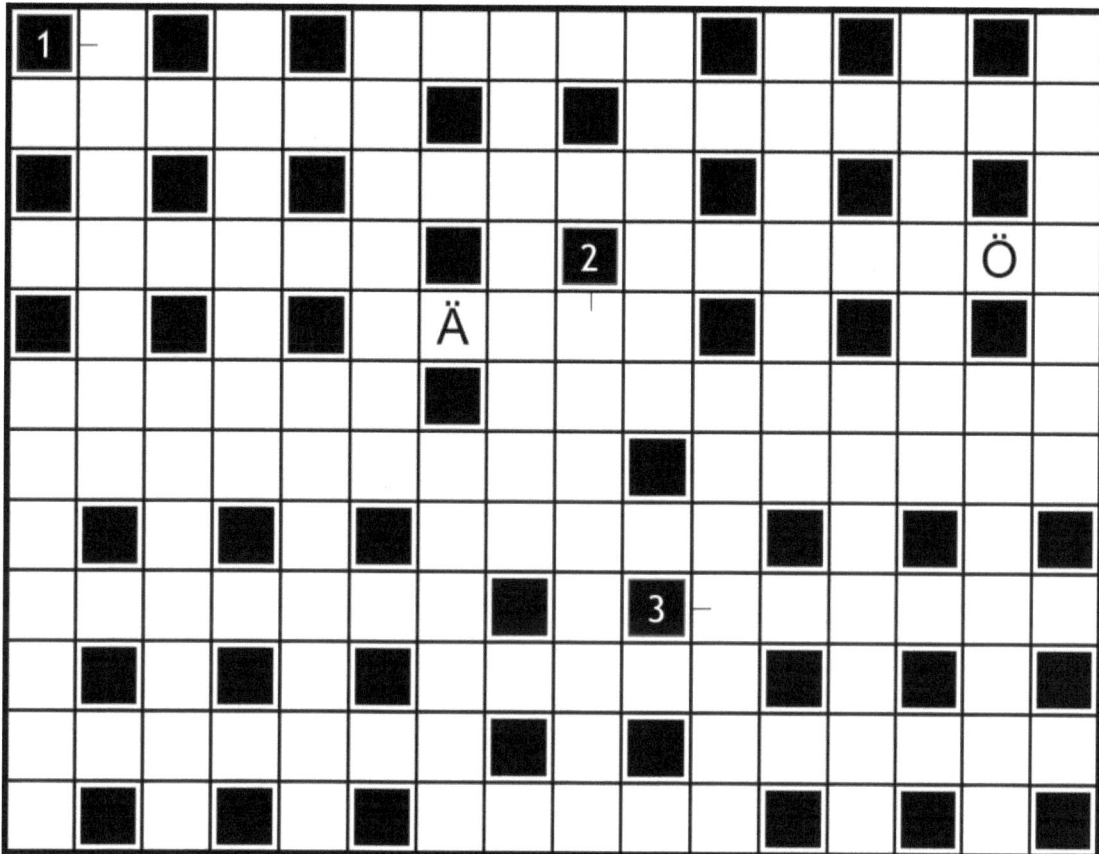

in alphabetischer Reihenfolge
□ waagrecht ■ senkrecht

- ■ "In ... Tagen um die Welt" - Film mit David Niven
- □ Südfrucht (die goldene ...)
- □ As unter Halbmetallen
- ■ Gleichgewicht
- □ (Arbeits)grundlage, Fundament
- ■ beruflicher Fachhelfer
- ■ ... und Herzegowina, Staat in Europa
- ■ Elbflorenz
- **2** Relativitätstheorie
- □ Zwischenhandlung, -spiel
- ■ an einen Star adressierte Briefe seiner Bewunderer
- ■ Anhänger(in) des Gothic (Anagramm von "reif gut")

□ August Wilhelm von ..., Gründungsvater der Deutschen Chemischen Gesellschaft

```
25 | 3 x
Begründer/Autor der
```

- □ labyrinthische Attraktion im Mosigkauer Park
- □ Apostolisches Glaubensbekenntnis (dt. Schreibweise)
- □ "Es war die Nachtigall und nicht die ..." (Shakespeare)
- ■ Hauptstierkämpfer
- ■ Schlecker, Süßmaul
- □ Zeitabschnitt, -raum, -spanne
- **3** Quantentheorie
- □ Brotkanten (landschaftlich)
- □ Regierungsform eines Staates (totalitäres ...)

- ■ Kadi
- □ Sprechtext eines Schauspielers
- □ aus Blüten der Königin der Blumen gewonnener Duftstoff
- □ kleines Werkzeug mit gebogener Klinge zum Mähen
- ■ Abriegelung, Barriere
- ■ den ... im fremden Auge, aber nicht den Balken im eigenen sehen (NT)
- ■ Erdölschiff
- □ Straffälliger, Delinquent
- □ vierte und fünfte Klasse eines Gymnasiums (veraltend)
- □ Flachland in der Geografie
- ■ unterird. Gefängnis (Burg)
- **1** Kontinentalverschiebungstheorie

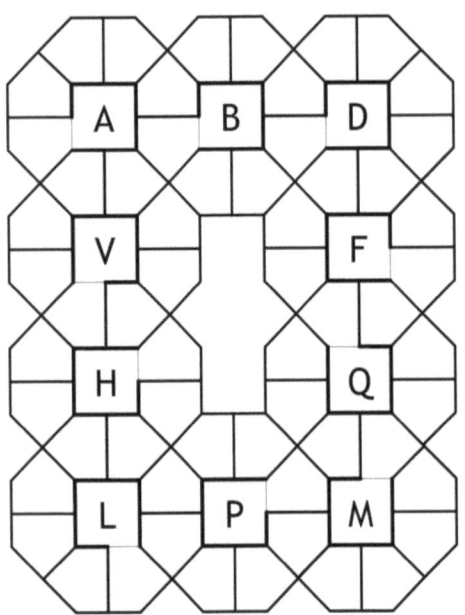

Die Anfangsbuchstaben der gesuchten Wörter wurden bereits ins Diagramm eingetragen.

im Uhrzeigersinn (↻; in willkürlicher Reihenfolge):
- die … des Kreises = etwas Unmögliches
- ein … sprechen = eine autoritäre Entscheidung treffen
- eine Stecknadel im … suchen = etwas mit wenig Aussicht auf Erfolg suchen
- … geht über Studieren ~ "Erfahrung ist der beste Lehrmeister"
- Hals- und … (ugs.) = viel Glück!
- nach … (ugs. scherzhaft) = richtig gerechnet (4,5)
- Ruhe im Kuhstall, der Ochs' hat … (ugs.) = still!
- … schüttelt die Betten = es schneit (4,5)
- … sind keine Herrenjahre
- vergeben und … - sprechen wir nicht mehr davon

27. Rätsel mit (Sch)macke(s)

in Reihen (⇨):
- wichtiges Crewmitglied auf Kapitän Ahabs Schiff
- Saturday and Sunday
- Garnrolle + Nadel
- Vermieter, Verpächter (veraltet)
- Auto für Fahranfänger

in Kolumnen (⇩):
- unbeirrbar, ohne jegliche Unsicherheit
- Moral, Sittenlehre
- Zug (aus der Pulle)
- schmutziges Geschirr
- (besondere) Veranstaltung
- Draufgänger (11,6)

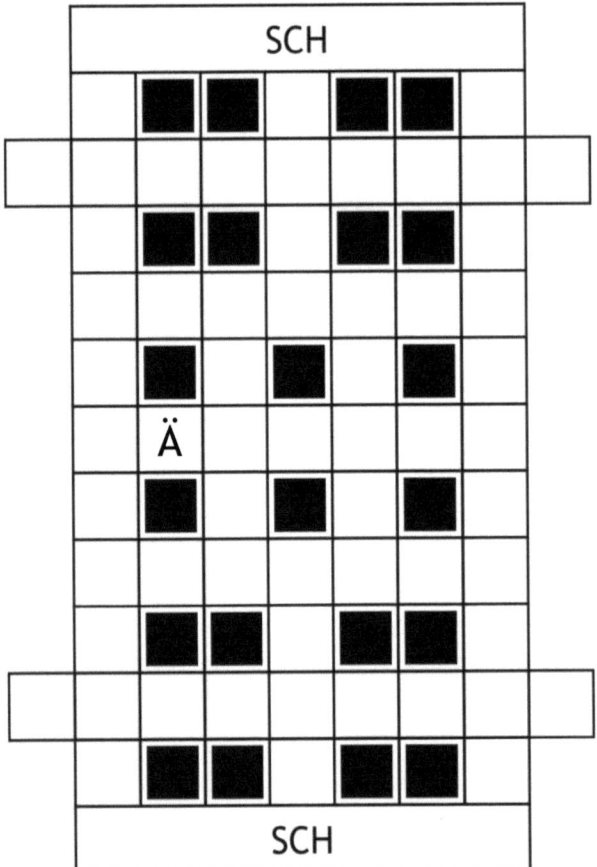

28. zwei Metagramme

Vogelgezwitscher in Innsbruck

Hat der P _ _ _ _ in _ _ _ _ _
sein Lied gejodelt und nicht _ _ _ _ _ _ _ _ ,
dann kann man mit Stolz sagen:
Integration ist vollends _ _ l _ _ _ _ _ .

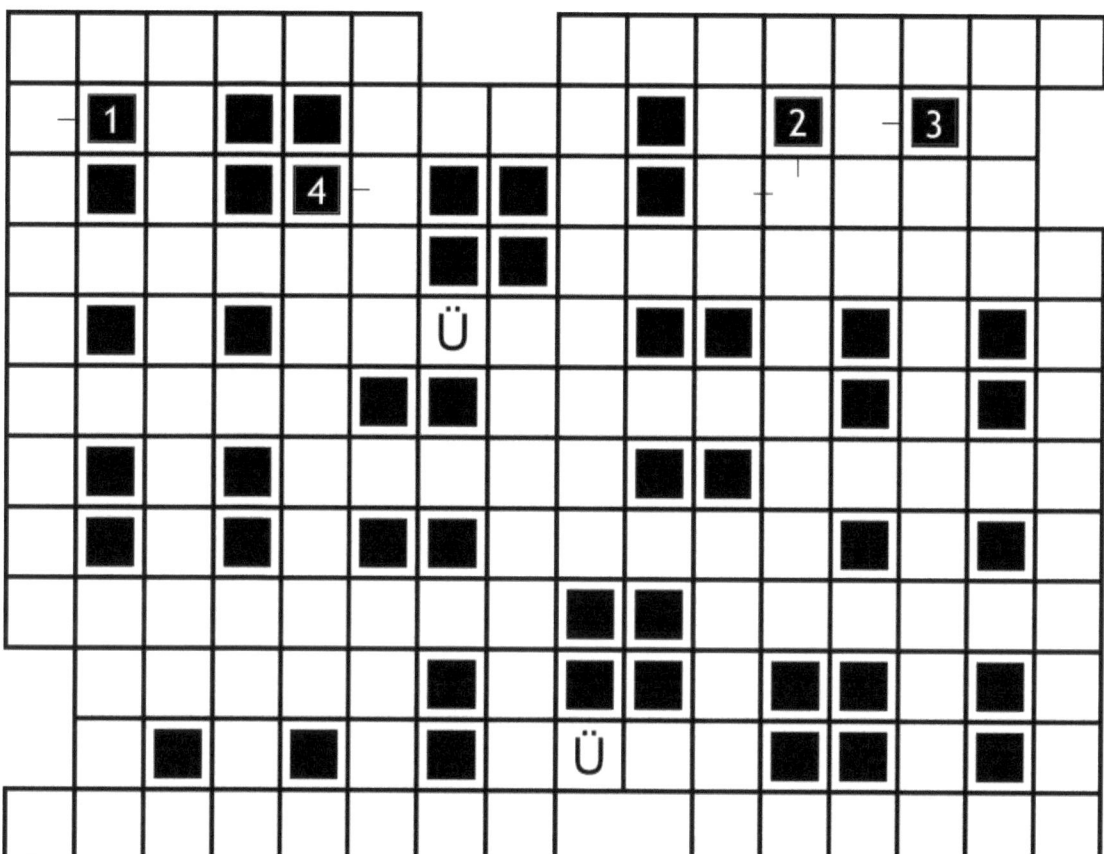

in alphabetischer Reihenfolge
○ waagrecht ● senkrecht:

● wasserreichster Nebenfluss des Rheins
○ Robinie = falsche ...
● Fluss durch Florenz
○ widerlich riechender Pflanzenmilchsaft
2 aus dem württembergischen Raum (oder veraltete Bezeichnung für Fernglas)
○ Glandula wie Prostata
○ Laubbaum, versteckt in "Polizeichef"
○ Plural von Eloah (alttestamentliche Bezeichnung für Gottheit, Gott)
○ Lehnsessel (franz.)
○ berühmte Leinwandgröße

● Neckerei, Uzerei
● "Der ..." - Edgar-Wallace-Klassiker (1964) von Alfred Vohrer
● Falle für den Gegner
● Handeln und Denken unter Berücksichtigung der Würde des Menschen
● Dummköpfe
○ Atmungsorgan der Fische
○ Film oder Roman mit Polizei und Leiche(n)
● nach ... und Laune
● Ostsee - ... des Atlantiks
○ Ausschweifung, Gelage
○ ... von Bismarck, Reichskanzler
○ Bittschrift, Eingabe
4 für Menschen mit versteinerten Gesichtszügen

○ Kunstmuseum in der spanischen Hauptstadt
○ ein ... ohne Furcht und Tadel
○ Gelbe ... = Möhre (süddt.) oder Kopf (salopp)
○ schnelles Verkehrsmittel (auf Schienen)
1 aus Bayern (mit 32 Karten)
○ (leichter) Stoß (norddt.)
○ "... ist not!" - Roman (1913) von Gorch Fock
3 aus Altenburg
● Sonderform
● robust, **tough**
● US-Bundesstaat mit Salt Lake City

┌─────────────────────────────┐
│ 29 | 4 x Kartenspiel ... │
└─────────────────────────────┘

30. Weltliteratur

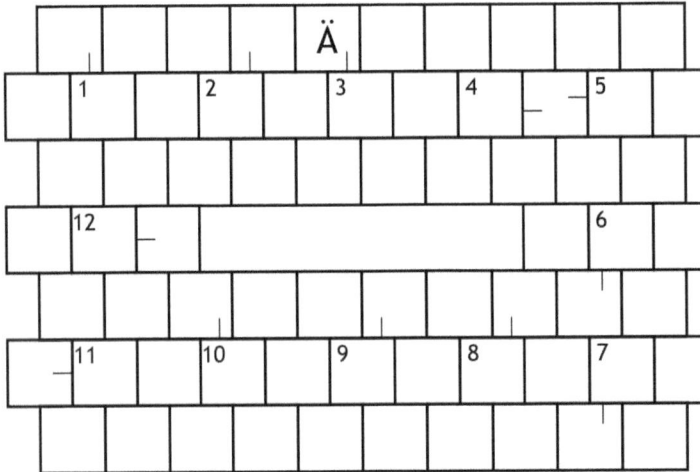

im **Uhrzeigersinn** (↻; erster Buchstabe im Zahlenfeld):

AutorIn (Vorname + Roman):
1 Georges, "Maigret stellt eine Falle" (1955)
2 Gabriel García, "Chronik eines angekündigten Todes" (1981)
3 Erich, "Das fliegende Klassenzimmer" (1933)
4 Lev N., "Anna Karenina" (1878)
5 Theodor, "Effi Briest" (1896)
6 Isabel, "Das Geisterhaus" (1982)
7 Ken, "Die Nadel" (1978)
8 Mika, "Sinuhe der Ägypter" (1945)
9 Stieg, "Verblendung" (2005, postum)
10 Vladimir, "Lolita" (1955)
11 Alberto, "Die Gleichgültigen" (1929)
12 William, "Birdy" (1978)

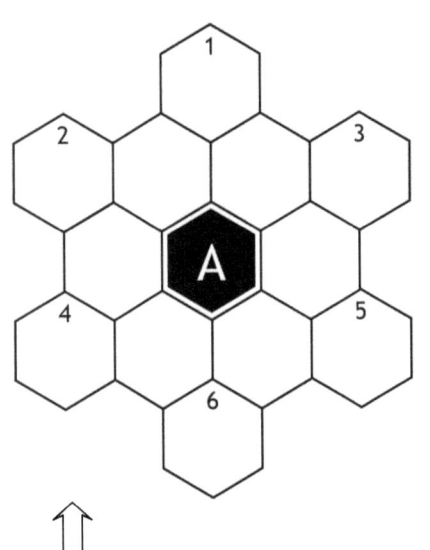

1-4 zu tief ins … geguckt haben (scherzhaft)
1-5 starkes, breites Band zum Halten oder Tragen
2-3 Luftreise
2-6 nachweisbare Tatsache
3-6 scharfkantiger Rand eines Werkstoffes
4-5 Kartenspiel mit Grand ouvert

31

Schneeflocken

32

1-4 kleiner Singvogel mit kegelförmigem Schnabel
1-5 einfühlsam
2-3 Längsträger eines Schiffes
2-6 "weiches" Beingelenk
3-6 Längeneinheit in GB und den USA (0,635 mm)
4-5 Gesichtsteil

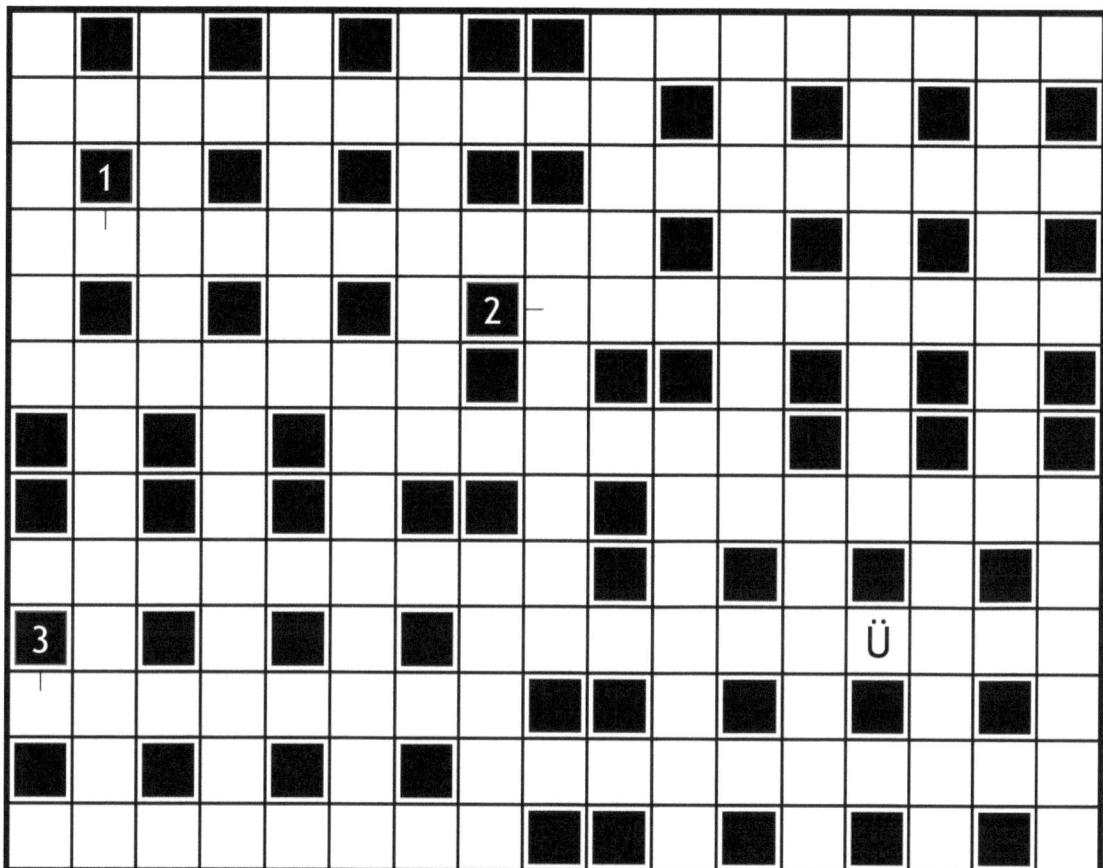

in alphabetischer Reihenfolge
■ waagrecht □ senkrecht:

■ Geschwindigkeit reduzieren; langsamer werden (beim Fahren)
□ streng enthaltsame Lebensweise
■ sehr genauer Zeitmesser
1 mit vier Vierteln (à 10m, BBL oder à 12m, NBA)
■ von bösen Geistern beherrscht, wahnsinnig
■ Nachspeise, Nachtisch
□ Schlafzimmermöbel für verheiratetes Paar
■ eine ... drehen = eine Klasse wiederholen müssen (Schülerspr.)
□ hasten, hetzen

---

33 | 3 x Mannschaftssportart

□ Frostgebilde an der Fensterscheibe
2 mit drei Dritteln (à 20m)
□ Seuche
■ Krankheitskeim, Bazillus, Virus
3 mit zwei Halbzeiten (à 45m)
□ Ellbogen - ... des Armes
□ Kunststück von Bibi Blocksberg
■ großer Reichtum an guten Einfällen
□ Ruf, Ansehen, Reputation
■ offiziell festgelegte Form des christlichen Gottesdienstes
■ pfiffig, überklug (ugs. ironisch)

□ Pfarrei, Pfarrbezirk
■ improvisierter Stöpsel
□ Seelenwärmer aus Fleece
□ Senator; Gemeindevertreter
□ Festmeter oder Hektoster
□ verbessernde, planvolle Umgestaltung
□ (einer Sache) einen ... vorschieben = etwas unterbinden
□ Kurort mit Heilquelle (Bad Dürrheim)
□ Brecher als mächtige Woge
□ Volkszählung in der Fachsprache

---

34. Metagramm

Affenkino XXL

_ *i* _ _ / _ _ _ _

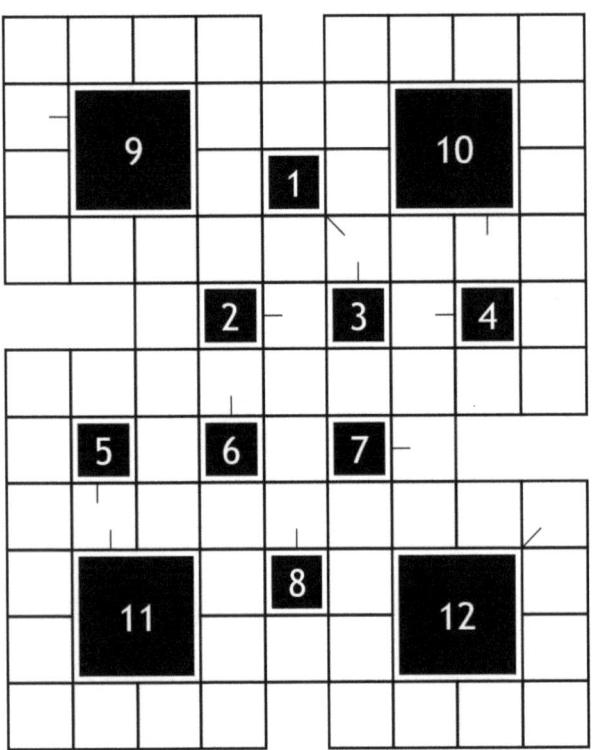

im Uhrzeigersinn (↻):
1 stark gerötet (Gesicht, Haut)
2 Johannes Gutenberg - ... des Buchdrucks mit beweglichen Lettern
3 Arbeiter an der Fruchtsaftpresse; Weinpresser
4 Ablage für ein geöffnetes Buch
5 Nerz oder Zobel
6 ständiges Antwortheischen
7 ... Thatcher, prägende Figur der 1980er Jahre
8 Fratze; verzerrtes Gesicht
9 Existenzminimum eines Menschen
10 heimischer, gelbbrauner "Netzbauer"
11 Abteilung für Öffentlichkeitsarbeit
12 höchster Dienstgrad in der Kaiserlichen Marine (... von Tirpitz)

35. (un)runde Sache

---

36. Leipziger Allerlei

im Uhrzeigersinn (↻):
1 Göttinger ... (1837)
2 Bamberger ... (um 1235)
3 Kölnisch ... (mit ätherischen Ölen)
4 Berliner ... (mit Schuss)
5 Frankfurter ... (1871)
6 Kölner ... (1836-41)
7 Konstanzer ... (1414-18)
8 Görlitzer ... (256 km lang)

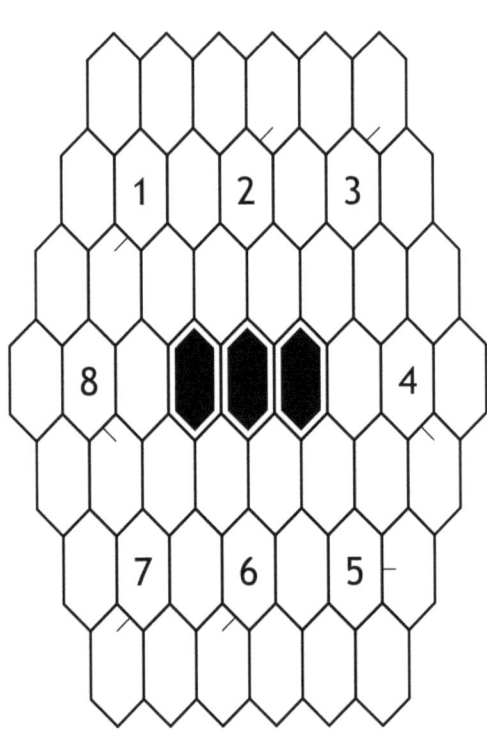

37. Homonym

Nach dem Boxkampf

Ich erlebte heut' mein blaues Wunder.
Von Anfang an keine _ _ _ _ _ Sache.
K.O. bereits in der zweiten _ _ _ _ _.
Der Gegner war zu stark. Nichts zu machen.

38

Kreuzwort

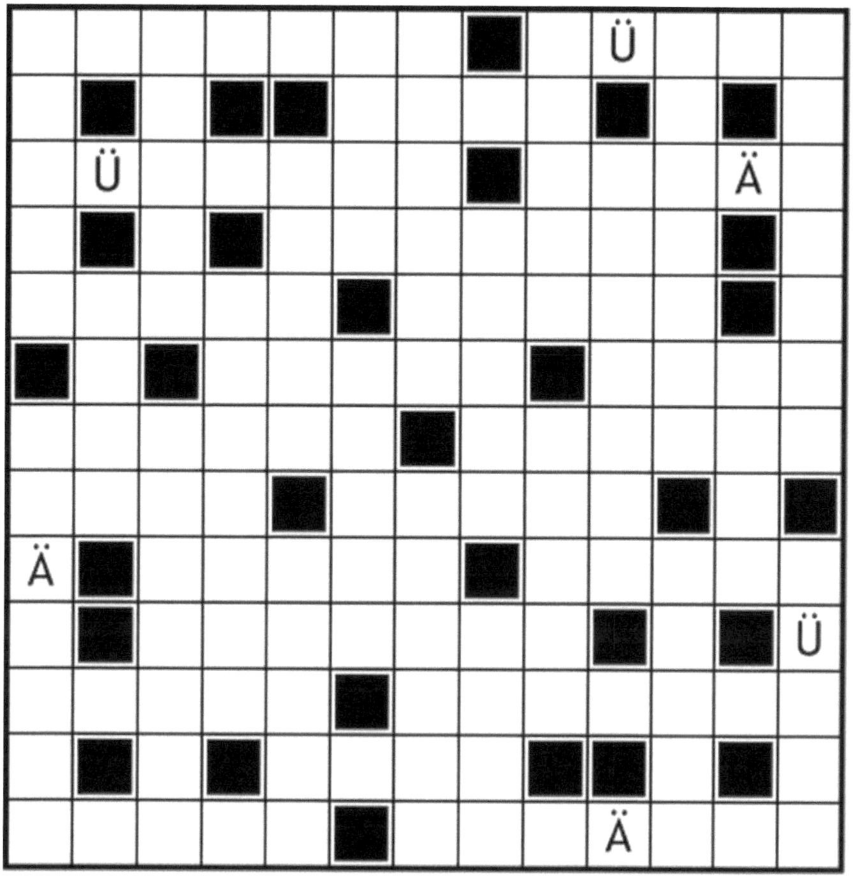

in Reihen (⇨):
- geradewegs; auf dem kürzesten Weg
- kleiner Berg
- Hauptstadt von Peru
- Stiftskirche, Dom
- Werkzeug
- schallend lachen (ugs.)
- Trinkgefäß mit Henkel
- verheiltes Wundmal
- Wasserstandsmesser
- (meist) wasserbewohnende Pflanze
- fetthaltige, salbenähnliche Substanz zur Haarpflege
- (an)gespannt warten (ugs.)
- zart, zierlich, dünn
- (meist auf Holz gemaltes) Kultbild der Ostkirchen
- Raubtier mit schwarzen Querstreifen
- Tierkreiszeichen
- aus China stammende (Zucht)blume
- Drillich (norddt.)
- blutrot bis gelblich gefärbter Schmuckstein
- Elendsviertel
- Streifwache oder Schriftart
- sandige Meeresküsten

in Kolumnen (⇩):
- Angehöriger einer orientalischen Völkergruppe
- Berg bei Bregenz
- afrikanisches Liliengewächs
- im Kreis, rundherum
- auf den Durchschnitt bringen
- Jagd- und Haushund
- Gewebe aus handgesponnener schott. Cheviotwolle
- Stechmücke (österr.)
- fetter Marschboden
- aasfressender Greifvogel
- Seekuh
- im Vorfrühling blühendes Schwertliliengewächs
- lautes (freudiges) Rufen
- Velvet
- mager und knochig
- schwerer Doppelhaken am Schiff
- Noah - ... der Arche
- Meereskrebs
- hart; sehr fest
- letzte Ruhestätte
- Staat in Nordosteuropa
- Salzquelle

39. Football total

			1			
	A 2				**B**	
3		■		■	4	
	■				■	
5			**C** 6			
	■	7			■	
		■		■		
D 8					**E**	

Die Anfangsbuchstaben: A,D,E,E,F,G,K,M,P,P,S,S,T

im Uhrzeigersinn (↻):

A ... Klose (aus Oppeln), erfolgreichster Torschütze der deutschen Nationalmannschaft

B CH - Penalty, D - ?

C Lukas, Kölscher Prinz (aus Gleiwitz)

D Wechsel eines Profis zu einem anderen Verein

E Borussia ... - deutscher Meister von 2012 (mit Łukasz Piszczek, Jakub Błaszczykowski und Robert Lewandowski)

waagrecht * senkrecht:

1 blutige Grätsche
2 Spielstand, -ergebnis (engl.)
3 modernes Stadion (Allianz ... in München)
4 Giovane, erfolgreicher Bundesliga-Stürmer aus Brasilien
5 Vorname des Bombers der Nation
6 Rufname von **Jakub** Błaszczykowski
7 Fair ... = anständiges Spiel
8 aus dem ... spielen = sich den Ball zuspielen, ohne die Position zu ändern

---

40. Zickzack

waagrecht:

1 einen ... bekommen (ugs.) = eine Rüge einstecken müssen
5 ... Witt - Weltstar aus der DDR
6 Nördlicher ... = Dögling
11 Sieger eines (Wett)kampfes
12 MI6 = Secret Intelligence ...

im Zickzack (wie gezeigt):

1 Jahrzehnt
2 Individuum mit verändertem Erbgut (Genetik)
3 "... vom Ich" - Roman (1915) von Paul Keller
4 Frauenname ("die Wiedergeborene")
7 wie aus dem ... auftauchen
8 holländischer Käse
9 Rothirsch aus Nordamerika
10 "... und Lena" - Lustspiel von Georg Büchner

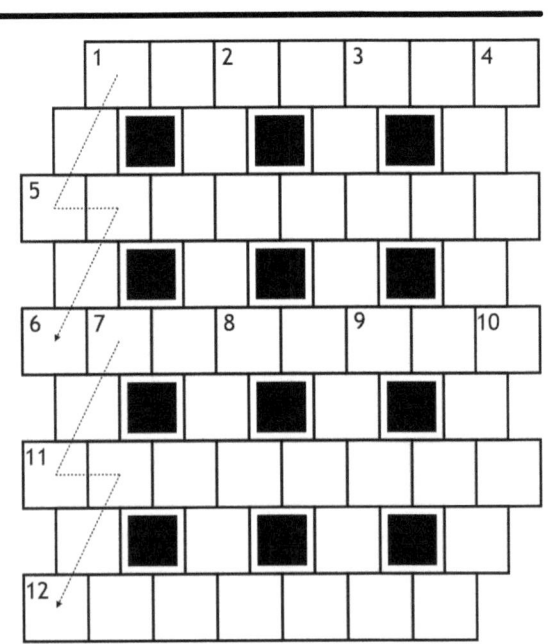

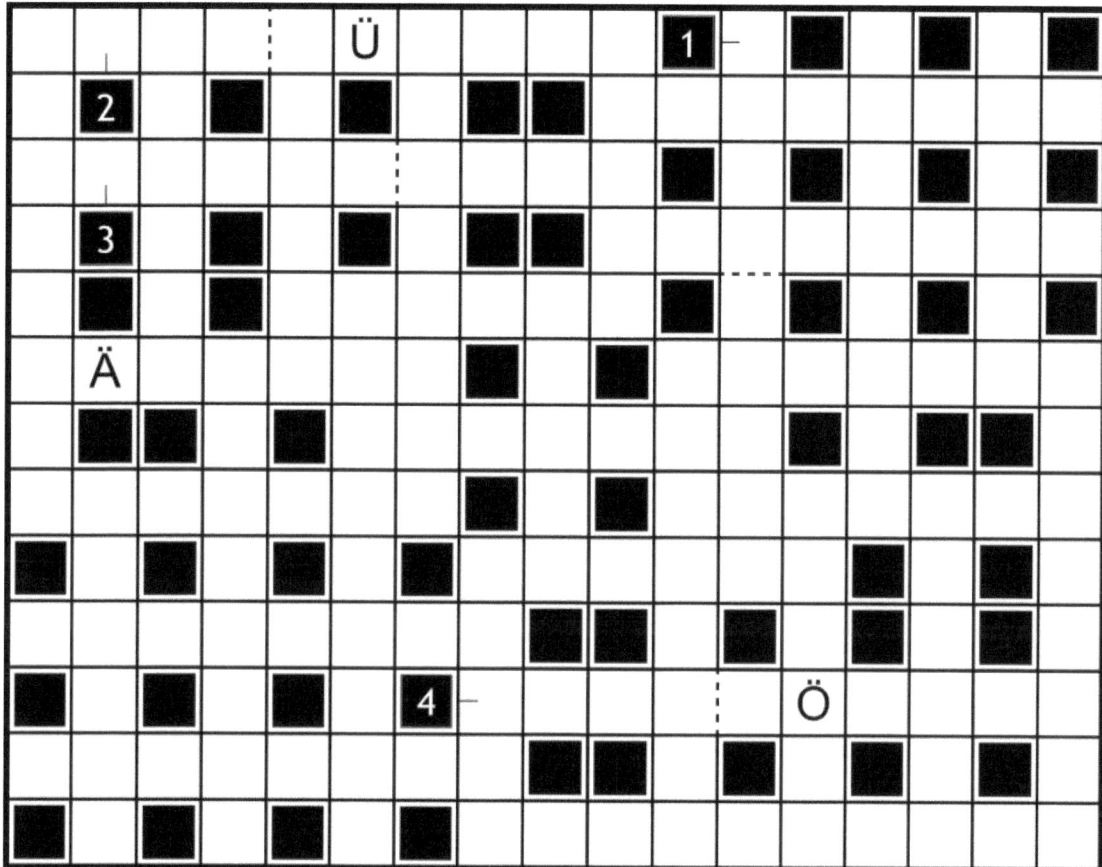

in alphabetischer Reihenfolge
● waagrecht ○ senkrecht:

- ● Mathematikteilgebiet
- ○ kleiner Hügel
- ● größter Hühnervogel Europas (Hahn + Henne)
- ● Zeitraum der Erdgeschichte
- ○ Torheit, große Dummheit
- ● Appetit
- ● Matthäus, Markus, Lukas oder Johannes
- ● ... lassen [müssen] = Schaden erleiden (ugs.)
- ○ hinterer Teil des Fußes
- ○ Seite
- ● den Bock zum ... machen (ugs.)
- ○ Lehre von der Entwicklung und dem Aufbau der Erde

- **2** "Bomber der Nation"
- ○ unter der ... sein = verheiratet sein (ugs. scherzhaft)
- ● Art, Sorte, Größenordnung
- ○ (historische) Landschaft zwischen Ostsee und Weißem Meer
- ● Autoteil mit Scheibe(n) und Ausrücklager
- ○ Verlagsabteilung
- ○ Gesichtsausdrücke ("Ernste ... im Land des Lächelns")
- **3** "Der Titan"
- ○ Schwarzseher, -maler
- ○ Teil einer Kletterpflanze
- ● chemische Reaktionen bewirkender Stoff

- ○ Soldat der Kavallerie (früher)
- ● Ruf, Ansehen, Leumund (franz.)
- ○ Schneeweißchen und ... (Märchen)
- **4** "Tante Käthe"
- ● Europa - Ritter, Japan - ?
- **1** "Die Katze von Anzing"
- ○ jmdm. ... in den Weg legen = jmdm. Schwierigkeiten machen
- ○ Tiefpunkt einer (wirtschaftlichen) Entwicklung
- ○ Einzelkind, ..., Drilling

27

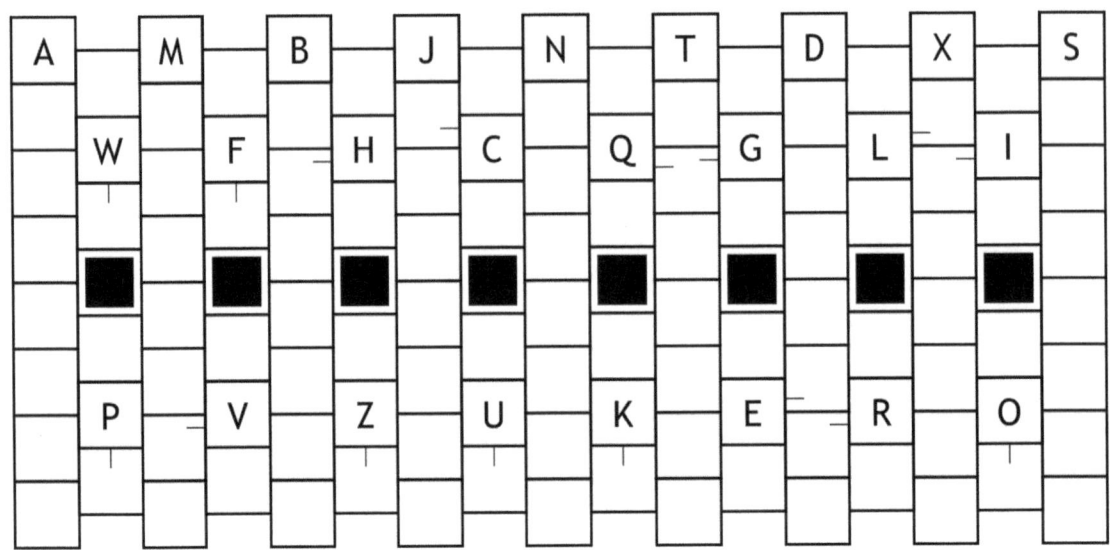

senkrecht (in willkürlicher Reihenfolge):
- ☐ Einschluss in Ergussgesteinen ("Fremdgestein")
- ☐ Emil, gewann 1929 als erster Schauspieler einen Oscar
- ☐ Langläufer "zum Aufnehmen"
- ☐ Mannschaftssportart im Deutschen Behindertensport
- ☐ Meeresnymphen aus der griechischen Mythologie
- ☐ Nixe
- ☐ Perseus - beim Zeus!, Asterix - beim …!
- ☐ Summ, summ, summ, … summ herum.
- ☐ Talkshow mit politischem Schwerpunkt im Ersten (4,4)

im Uhrzeigersinn (↻; in willkürlicher Reihenfolge):
- ○ bestmöglich; so günstig wie nur möglich
- ○ Das Goldene … - wichtigste Auszeichnung der Automobil-Branche

42. von A bis Z

- ○ "dein Freund und Helfer"
- ○ … der Lottozahlen (mittwochs und samstags)
- ○ … Diaz (Schauspielerin) oder James … (Regisseur)
- ○ Ernesto "Che" …, Symbol für die kommunistische Weltrevolution
- ○ in … fallen - sich jemandes Unwillen zuziehen
- ○ Jesus Christus als Erlöser der Menschen
- ○ junges Waldtier; Ricke
- ○ (kleinere) Streiterei
- ○ mehrere Langläufer (s.o.)
- ○ Möbelstück für Verheiratete
- ○ noch nicht herausgegebene Schriften
- ○ Ortsteil von Berlin mit der Pfaueninsel
- ○ Schwertliliengewächs mit trichterförmigen, duftenden Blüten
- ○ Tiere (ugs.)

---

unsere Bundesländer ⇨

43. Kürzer

Frankfurter Rippchen

_ _ _ _ _ *aus* _ _ _ _ _ _

44. Anagramm

Verwaltungsreform im Hohen Norden

W_ _ _ _ _ _ ! H_ _ _ _ _ / s_ _ _ weiter souverän bleiben,
dafür _ _ _ _ _ _ _ _ _ _ _-_ _ _ _ _ _ _ Hamburg einverleiben

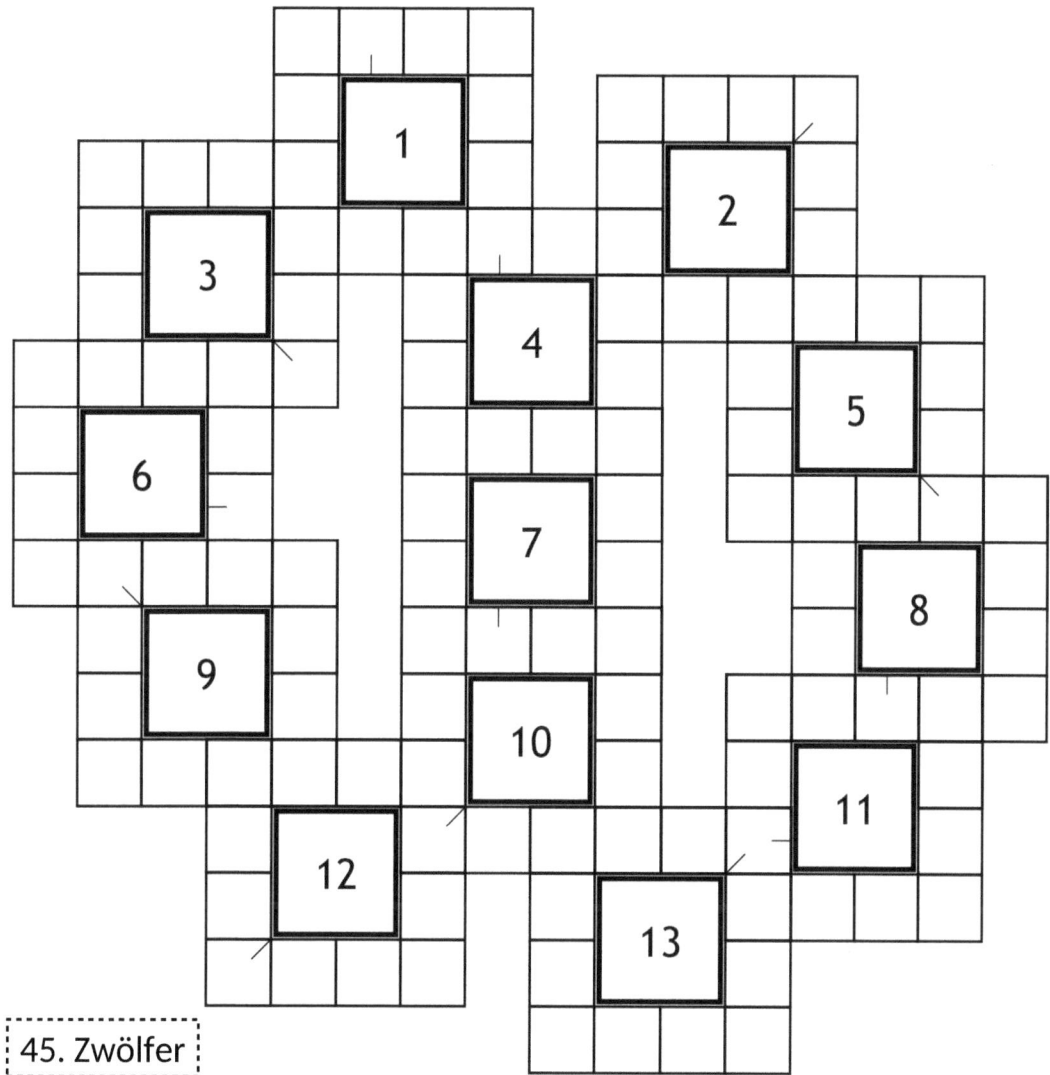

45. Zwölfer

im Uhrzeigersinn (↻):

1 Hackbraten - falscher Hase, Blumenkohl - ? (8,4)
2 gesetzlicher Feiertag am 9.Mai in Russland (3,3,6)
3 "Godfather of sächsisch Comedy" (4,8)
4 Western (1959) mit Robert Mitchum und Julie London (6,6)
5 fünfmaliger Weltsportler des Jahres (aus der Schweiz; 5,7)
6 plötzlich, unvermittelt (ugs.; 5,3,4)
7 Konzertmeister oder Primarius (6,6)

8 Fußballspieler, seit 2018 beim FC Bayern München (4,8)
9 zentraler Heldenmythos der Kommunistischen Partei Chinas (6,6)
10 Fluß in Oberfranken, mündet im Südosten von Hof in die Saale (Anagramm von BOZENER TIGER; 5,7)
11 Bundeskanzlerin der BRD (6,6)
12 Werk der Weltliteratur von Gustave Flaubert (6,6)
13 Strukturalismus - moderne Architektur, Romanik - ? (5,7)

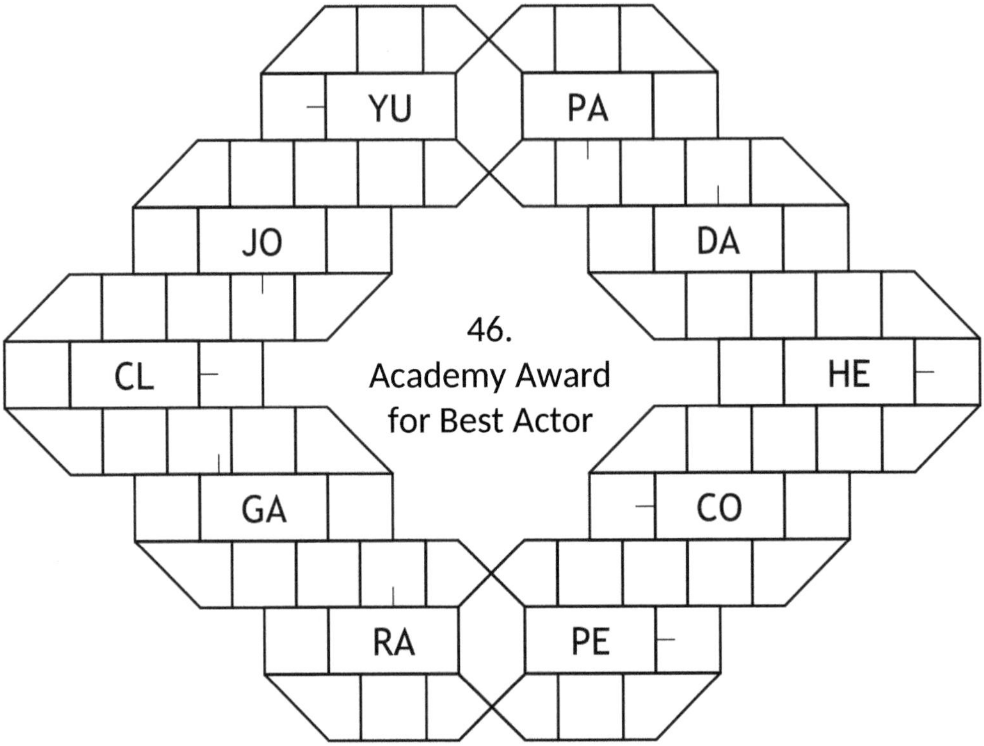

46. Academy Award for Best Actor

Puzzle cells with prefilled letter pairs: YU, PA, JO, DA, CL, HE, GA, CO, RA, PE

46.
Academy Award for Best Actor

Die beiden ersten Buchstaben des Vornamens sind bereits eingetragen.
im Uhrzeigersinn (↻):

And the Oscar goes to...

?G in "Es geschah in einer Nacht" (1935)
?M in "Das verlorene Wochenende" (1946)

?F in "Der letzte Musketier" (1951)
?B in "Der König und ich" (1957)
?N in "Getrennt von Tisch und Bett" (1959)
?F in "Network" (1977; postum)
?F in "Am goldenen See" (1982)
?N in "Die Farbe des Geldes" (1987)
?F in "The King's Speech" (2011)
?O in "Die dunkelste Stunde" (2018)

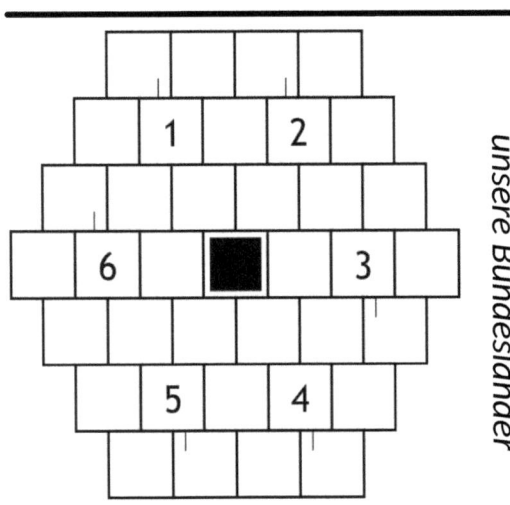

unsere Bundesländer

47. rund um ...

im Uhrzeigersinn (↻)
1 "Wir ... vom Bahnhof Zoo" (Buch)
2 Botanischer ... oder ... der vier Ströme (Parkanlage)
3 ... BSC (Sportverein)
4 "Berliner ..." (Boulevardzeitung)
5 ...-Wilhelm-Gedächtniskirche (Baudenkmal)
6 Berliner ... mit Schuss (Bier)

Anfangsbuchstaben:
G-H-K-K-K-W

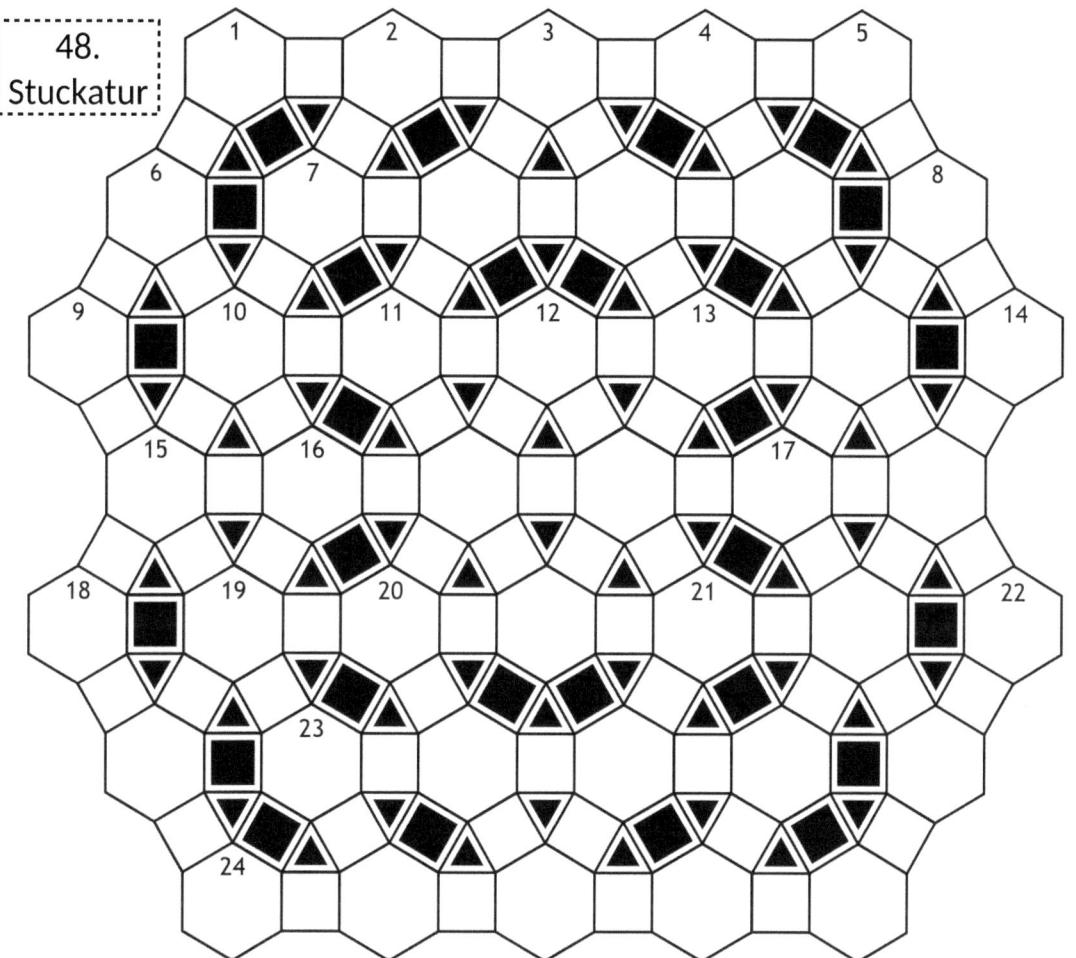

48.
Stuckatur

1 ⇨ Fahrbahnteil für Notfälle; Pannenstreifen ⇗ über … und Stein

2 maßgebender Fachmann

3 ⇙ … Fo (Theaterautor) oder … Argento (Filmregisseur) ⇗ hellster Stern im Sternbild Schwan

4 Novalis für Georg Philipp Friedrich von Hardenberg

5 Binse (norddt.)

6 Verwaltungseinheit in Serbien (Kreis, Bezirk)

7 Oxyd des Aluminiums

8 … und Gomorra

9 SOKO … - Krimiserie aus dem Tiroler Unterland

10 edler Räuber aus dem Sherwood Forest (5,4)

11 … der Nofretete - Kunstschatz des Alten Ägypten

12 ⇙ Verbindungsstellen "zum Platzen" ⇗ hartschalige Früchte

13 kastriertes männliches Hausrind

14 … in allen Gassen - umtriebiger Mensch

15 Nachrichtensendung im Ersten

16 heißer Wüstenwind in Nordafrika (Metagramm von Gimli)

17 … Operandi - Methode des Handelns

18 sexuelles Verlangen (ugs.)

19 größte Stadt der Region Ostwestfalen-Lippe

20 Drall eines Balles

21 inszenierte Veranstaltung mit besonderen Attraktionen (ugs.)

22 zweitlängster Nebenfluss des Rheins

23 … am Taunus - Kreisstadt in Hessen

24 farbige Illustration in einem Lexikon

49. Wabengitter - von A bis Z

Die Anfangsbuchstaben des Wabenrätsels (○ | ↺) sind bereits eingetragen.

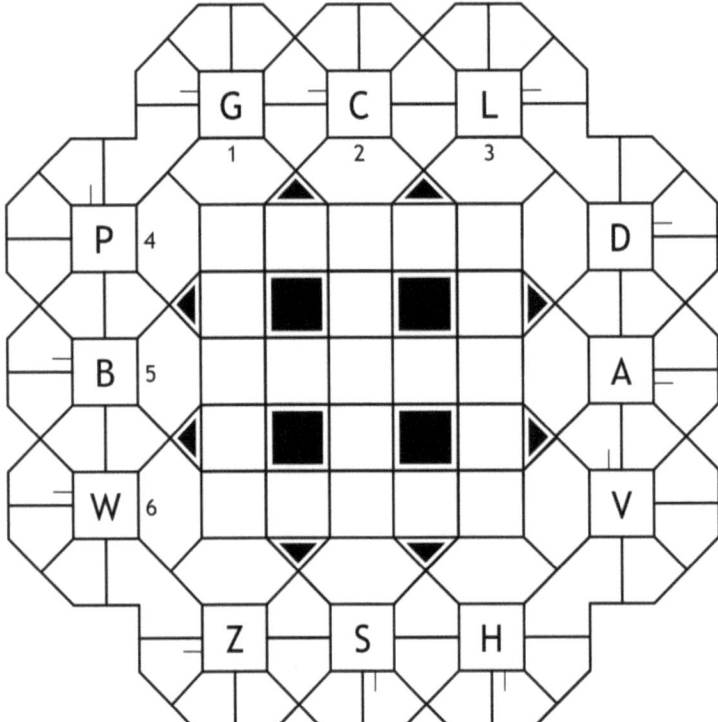

in alphabetischer Reihenfolge:
- ○ Empfänger (eines Briefes)
- ○ Paul, Fußballstar (Weltmeister von 1974)
- ○ Hanf oder Haschisch
- ○ Hauptstadt von Syrien
- 6 Fanatiker, Verfechter ⇨
- 3 Bürgersteig für Passanten ⇩
- ○ Atemschutzgerät
- ○ Arthur, Komponist (Oper "Antigone", 1927)
- 2 Staat mit Apenninhalbinsel ⇩
- 1 "Göttliche ..." von Dante Alighieri ⇩
- ○ Berufsweg; Karriere
- 4 Erzählung von Max Frisch ⇨
- ○ Ur- oder Erstaufführung
- ○ eine ... am Busen nähren (gehoben)
- 5 "Der junge ..." - Regiedebüt von Volker Schlöndorff ⇨
- ○ Loser, Blindgänger
- ○ D - Berlinerin, A - ?
- ○ Getreide; Feldfrucht (lat.)

im Uhrzeigersinn (↺):
1. Marianne & ... (Volksmusik)
2. Fred ... & Ginger Rogers
3. ... & Obelix
4. Bud Spencer & ... Hill
5. Don Camillo & ...
6. Tim & ... (Comicserie)
7. ... Burton & Elizabeth Taylor
8. ... Horatio Nelson & Emma Hamilton

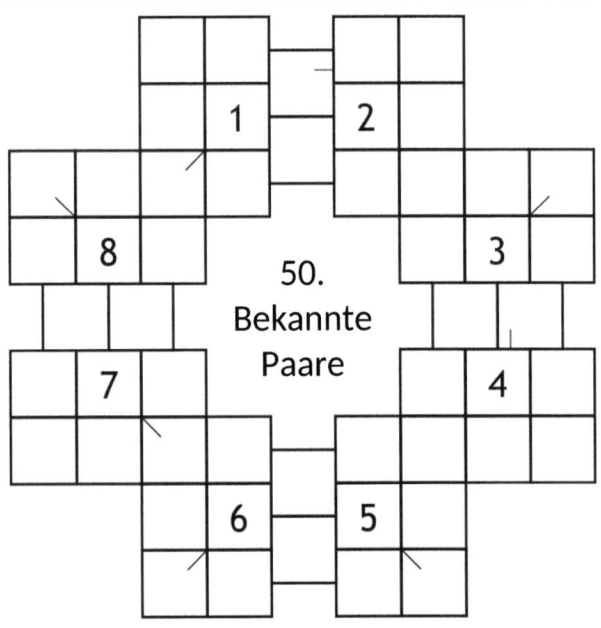

50.
Bekannte
Paare

51. Metagramme

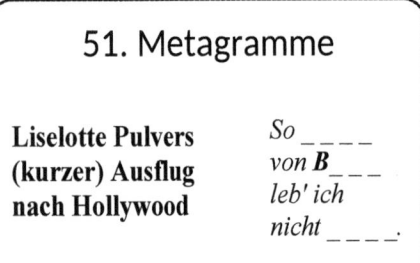

Liselotte Pulvers (kurzer) Ausflug nach Hollywood

So _ _ _ _
von B _ _ _
leb' ich
nicht _ _ _ _.

Die Anfangsbuchstaben sind schon eingetragen.
In jedem Begriff kommt ein Umlaut (Ä,Ö,Ü) **vor.**

in willkürlicher Reihenfolge (im Uhrzeigersinn):
- ☐ Abfallbehälter (ugs.)
- ☐ artenreiche Familie der Sperlingsvögel
- ☐ ätherische Flüssigkeit zur Aromatisierung von Getränken und Süßwaren
- ☐ bedienen; machen, ausüben
- ☐ Bewohner einer historischen Landschaft im Baltikum
- ☐ Die Bourne ... - erster Teil der Bourne-Filmreihe
- ☐ Fantasterei; Wunschvorstellung
- ☐ feine Marmelade
- ☐ Geldstück im Portemonnaie der meisten Europäer
- ☐ kleine Menge (ein ... Glück)
- ☐ kleines Haus im Wald für Waidmänner
- ☐ Lohn, Salär
- ☐ menschliche Gesittung; Menschlichkeit
- ☐ Mittelstadt in BW (Region Stuttgart)
- ☐ Pforte zum (bebauten) Grundstück beim Haus
- ☐ schmales, meist hohes Blumengefäß (5,4)
- ☐ schriftliche oder mündliche Examina
- ☐ Seltsamkeit der neuen Elementarteilchen
- ☐ Spieltage 18 bis 34 auf dem Spielplan der Fußball-Bundesliga
- ☐ Teil eines Ottomotors
- ☐ Trichter- oder Pigmentmühle in früheren Malerbetrieben
- ☐ unterirdische Attraktion im südlichen Sauerland
- ☐ verlieren; Nachteile hinnehmen
- ☐ wild, ungebändigt
- ☐ Wort des Jahres 2010 (Protestler gegen Eliten und Politik/er)

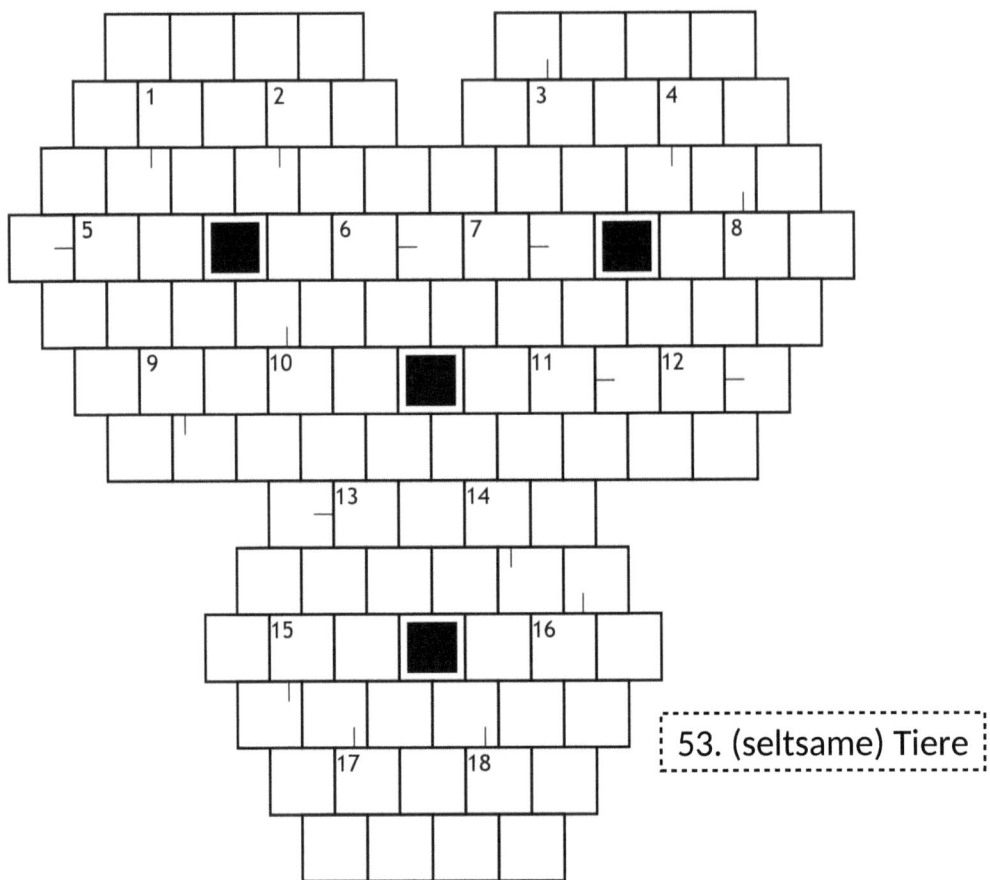

53. (seltsame) Tiere

im Uhrzeigersinn (↻; erster Buchstabe im Zahlenfeld):

1 traditionelles Gericht für den Heiligen Abend in Mitteleuropa (v.a. in Polen)
2 pfeilschneller, taubengroßer Raubvogel
3 Wühlmaus der nördlichen Zone
4 beliebtes Haustier mit sehr großen Backentaschen
5 "Der ... ist tot" (Dead Parrot Sketch) - Sketch von Monty Python
6 "Der ... über uns" - Hörspiel von Margarete Jehn (oder mittelgroßer Greifvogel)
7 "..., Löwe & Co." - Zoo-Doku-Soap des WDR
8 Bauelement der Elektrotechnik (oder mittelgroßer Singvogel)
9 kein ... (salopp) = niemand
10 "..., Zebra & Co." - Zoo-Doku-Soap des BR (oder Rhinozeros)
11 ... im Porzellanladen

12 flink, schlank wie eine ... (zierliche, grazile Antilope)
13 Goldener ... - wichtigste Auszeichnung des Locarno Film Festivals
14 "Die Brennende ..." - Gemälde des spanischen Surrealisten Salvador Dalí
15 flach wie eine ... (Plattfisch)
16 kleinster Vogel
17 hölzerner Baukran (oder blauer Vogel im Firmenlogo der Lufthansa)
18 Tarnungskünstler mit überwiegend braungrauem Gefieder

---

54. Homonym mit Metagramm

Liebesaus in Kermits Haus?

*"Hey, was _ _ **k** _ _ _*	H
da die _ _ _ _ _ ?"	H
*"Es scheint, der **L** _ _ _ _*	M
ist unten _ _ _ _ _	M

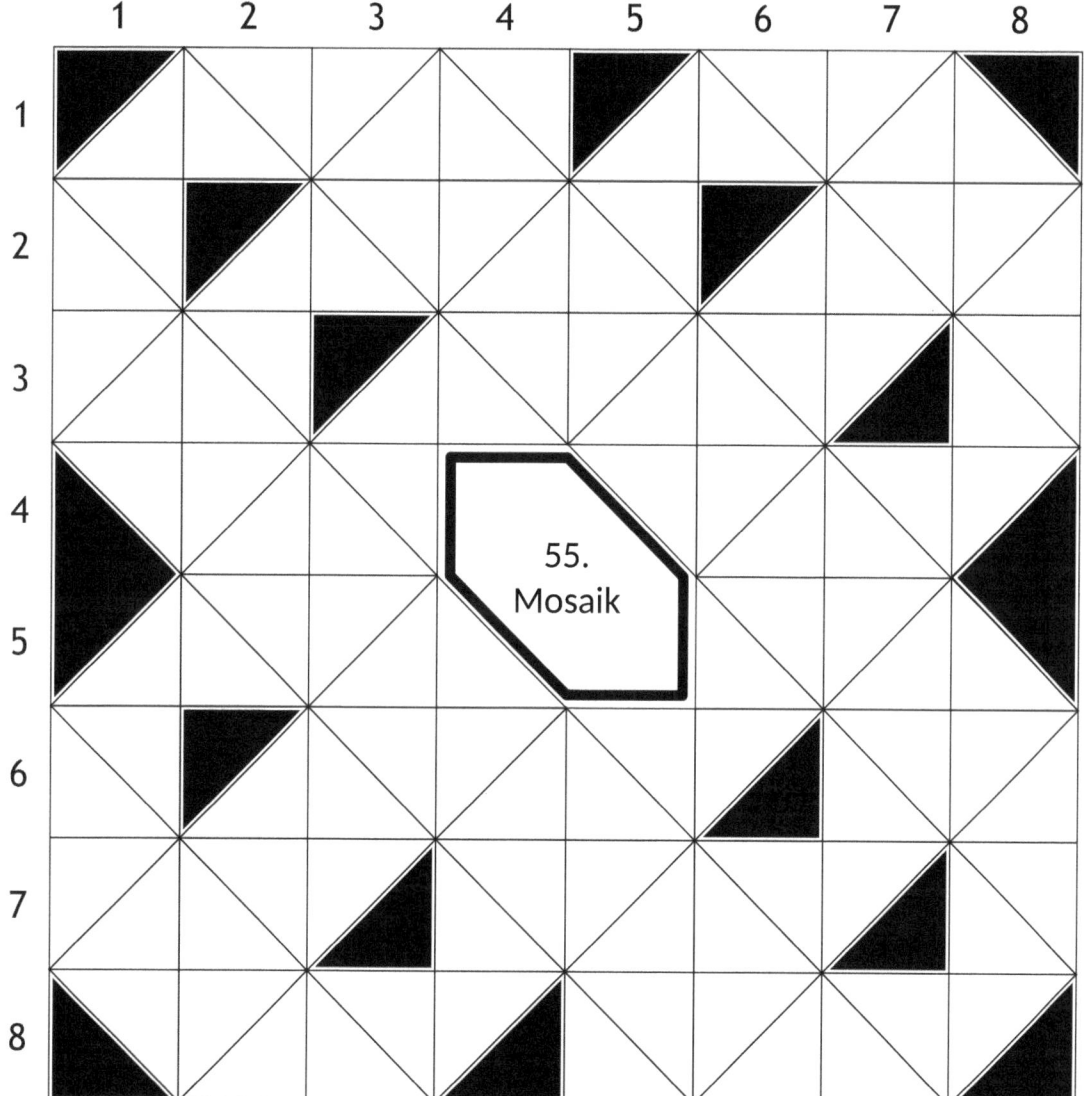

in Reihen (⇨):

1 Zusammenbruch * feines, flaches Gebäck
2 Frauengestalt als Sinnbild Bayerns * vom … ziehen (ugs.) = schimpfen, wettern
3 … Sorvino oder Brigitte … (Schauspielerinnen) * Berater, Mentor
4 Bahre * madagassischer Halbaffe
5 Anfang, Start * südamerikanischer Laufvogel
6 kleinkörnige, dunkle, runde Saat * Furche, Fuge
7 "The … - Ein Ire sieht schwarz" - Thrillerkomödie mit Brendan Gleeson * Annahme, Erhalt
8 … Hauer (Filmstar) * strafende Gerechtigkeit

in Kolumnen (⇩)

1 höchste Erhebung des Pfälzerwalds * lagerfähiges Nahrungsmittel aus gekochtem, getrocknetem Weizen
2 Abdämmung, Sperrung (franz.) * Ehekandidatin
3 (bei Vulkanausbrüchen) austretendes Magma * … Kenneth Dwight alias Elton John
4 Leonidas - König von … * auf … sicher gehen
5 Theo, CSU-Vorsitzender (1988-99) * Bierzutat
6 Bonvivant * … ist Schall und Rauch (Goethe)
7 leicht wie eine … = sehr leicht * Wölbung
8 tirilierender Singvogel * Gebärmutter (Med.)

Jede Zahl gilt für einen Buchstaben. Werden die Buchstaben unter gleicher Zahl in das untere Diagramm übertragen, ergeben sie einen Spruch von Ruth Leuwerik.

	25		14	19	21		27	
35	7	30	46	A	36	42	49	8
	28		43	39	40		48	
53	55	29		31		47	52	57
2	B	6	22	33	38	1	C	4
10	18	37		5		9	32	50
	12		45	3	54		13	
16	56	23	20	D	26	15	41	51
	17		44	24	11		34	

im Uhrzeigersinn (↻):
A "erschütterndes" Ereignis mit Tsunamis
B Spielkartenfarbe (Karo)
C Sammlung von Heiligenleben
D Musik

waagrecht:
35 Bezahlung, Vergütung, Entgelt
36 "Clintons" Gesetzesvorlage
6 Transportbehälter
16 "gemeine" Verbindung (im Internet)
26 Bobby (1904-80), Schauspieler und Kabarettist

senkrecht:
25 Stellung, Haltung (Malerei)
27 "femininer" rechter Nebenfluss der Oker
39 mit eisernen ... (aus)kehren
18 Stück vom Ganzen
32 An/sprache

1	2	3	4	5	6	7	8	9
10	11	12	13	14	15	16	17	18	19	20	21	22	23	24	25
26	27	28	29	30	31	32	33	34	35	36	37	38	39	40	41
42	43	44	45	46	47	48	49	50	51	52	53	54	55	56	57

---

im Uhrzeigersinn (↺; jeder Begriff besteht aus zwei Wörtern > Pan Tau, Bel Ami):

1 "... - Sie fürchten weder Tod noch Teufel" - Actionfilm von Tony Scott
2 bekannteste Glocke in London
3 US-amerikanischer Politiker und Umweltschützer, Vizepräsident unter Bill Clinton
4 Jagdsignal oder Krimi von Kathrin Heinrichs
5 zehn höchstplatzierte Hits (in Musikcharts)
6 Brötchen mit Brühwurst (wau!)
7 Actionknaller mit Nicolas Cage und Knackis im Flugzeug
8 Liam Neeson als schottischer Volksheld (1995)

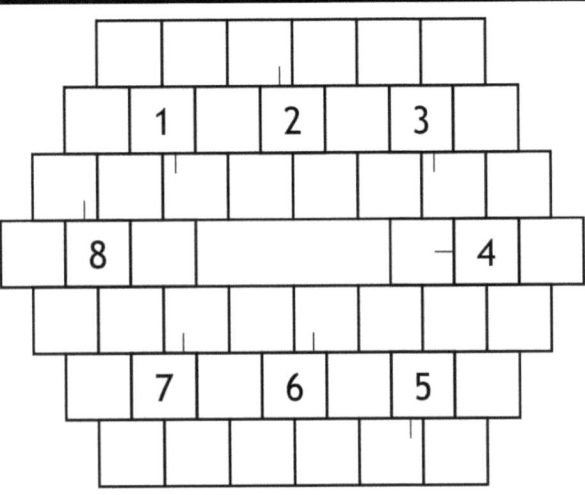

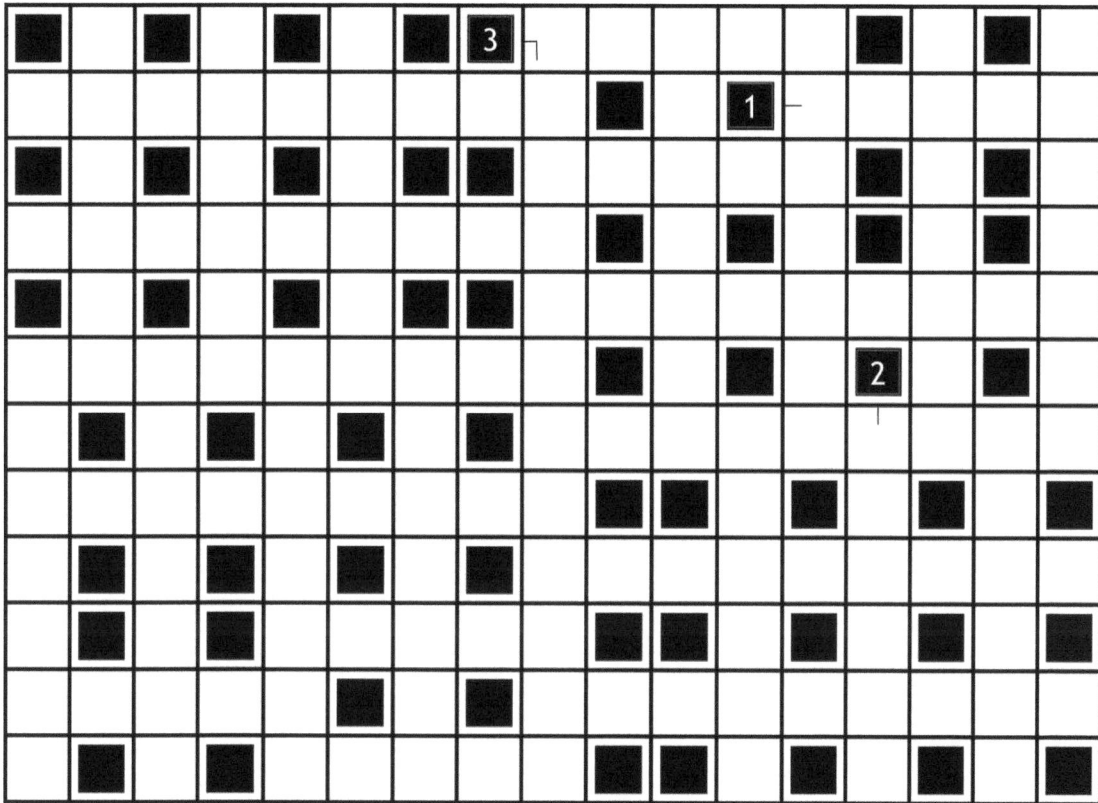

Definitionen (in alphabetischer Reihenfolge)

58. Kreuzgitter | ttt in der ARD = 1 2 3

- **waagrecht** | ○ **senkrecht**:
- Woody, US-Regisseur und Schauspieler ("Der Stadtneurotiker")
- ○ Beginn eines Fußballspiels
- Mitarbeiter; Gehilfe
- ○ außer Puste
- großes Waschbecken (mit Quietscheentchen)
- ○ Mord oder Totschlag
- Einziehen in eine Neubauwohnung
- Himmelskörper außerhalb unseres Sonnensystems
- ○ Hauptstadt der Provinz Nordholland (NL)
- Regent, Machthaber
- Bastelstube, -zimmer
- ○ Vertiefung, Einbuchtung

- ○ Wien - Stephan, Budapest - ?
- ○ Umkleideraum
- ○ Ausbilder, Pädagoge
- auf der Nordhalbkugel weit verbreiteter Meeresvogel
- Gesichtsaccessoire in der Coronazeit
- Gerät des Bakterienforschers
- Nähutensil mit Öhr
- ○ Volltreffer beim Kegeln

- ○ astronomisches Längenmaß
- ○ Jason, US-Schauspieler (Cheyenne in "Spiel mir das Lied vom Tod")
- ○ "Ein Quantum Trost", ..., "Spectre" (007)
- ○ Disziplin, Härte
- Fahrpreisanzeiger im Mietauto
- Bestandteil des Wappens des Heiligen Stuhls

59. Metagramme

Balzzeit

M1,M1 *Die _ _ _ _ _ _/ r _ _ _ _ _, was das Zeug hält*
M2 *wenn der Hahn auf dem Misthaufen _ _ _ _ _.*
M2,M3 *Und auch die _ _ _ _ _folgt dem _ _ _ _ _;*
M3 *sie will den Vogel für sich _ _ _ _ _.*

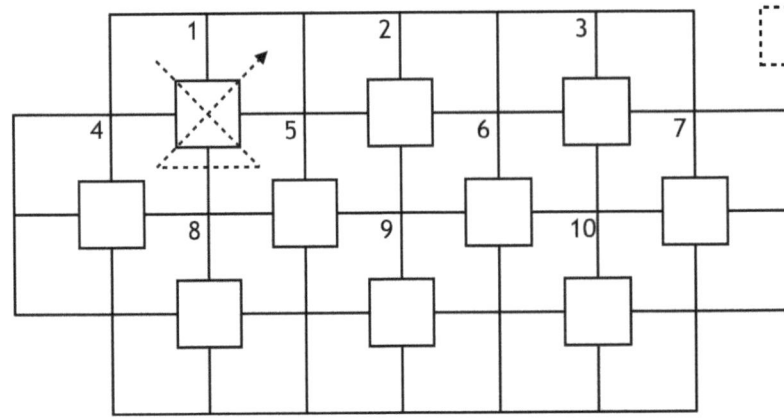

Die gesuchten Begriffe werden entlang der markierten Strichlinie eingetragen. Beispiel HEITER

```
H       R
    E
T       I
```

1 "Kuhjunge" mit Hut und Lasso
2 Wahnwitz; dummes Zeug
3 seit 1993 in Deutschland weitgehend verbotener Faserstoff
4 ausgebaggerte Erdmasse
5 größter Fisch der Gegenwart

6 Ort als Schauplatz feierlicher Handlungen
7 F - Pariser, CH - ?
8 Whisky aus Schottland
9 junge Braunkohle mit noch sichtbarer Holzstruktur
10 nicht ..., nur wundern!

61. Mosaik

1 ↘ Schabernack von Lausbuben
  ↗ Körper- und Schönheitspflege
2 ↘ Georg, Maler (Bilder "auf dem Kopf") und Bildhauer ↗ höchst gelegene Gemeinde Deutschlands
3 Kannibale
4 Universalwerkzeug zum Zerkleinern von Lebensmitteln aller Art
5 Zauberergestalt der mittelhochdeutschen Literatur
6 Illustrator oder Karikaturist

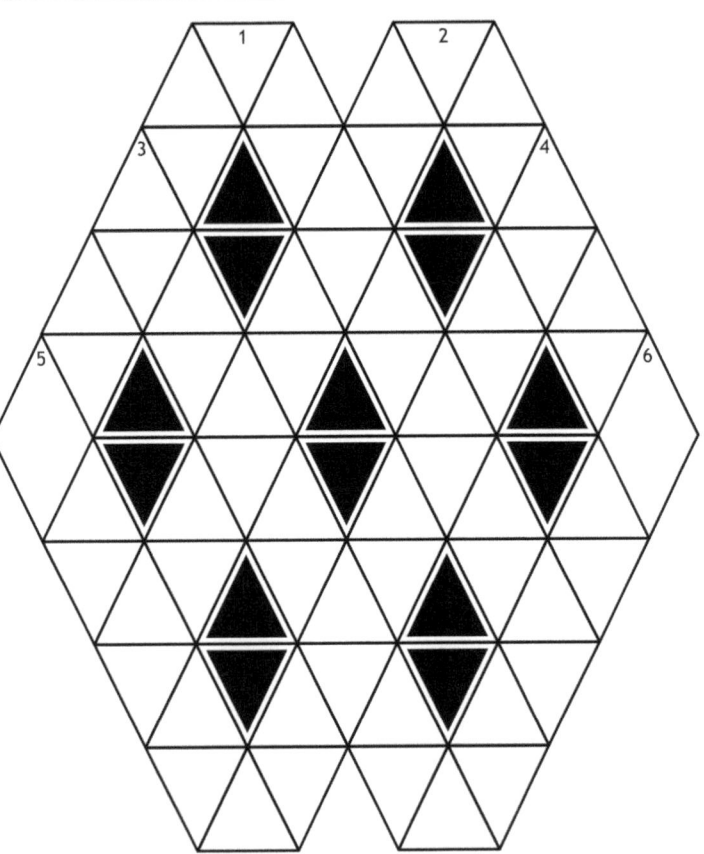

62. Metagramm

Seglers Laute in der Flaute

Ich krieg' eine _ _ _ _ _
bei der leichten B_ _ _ _.

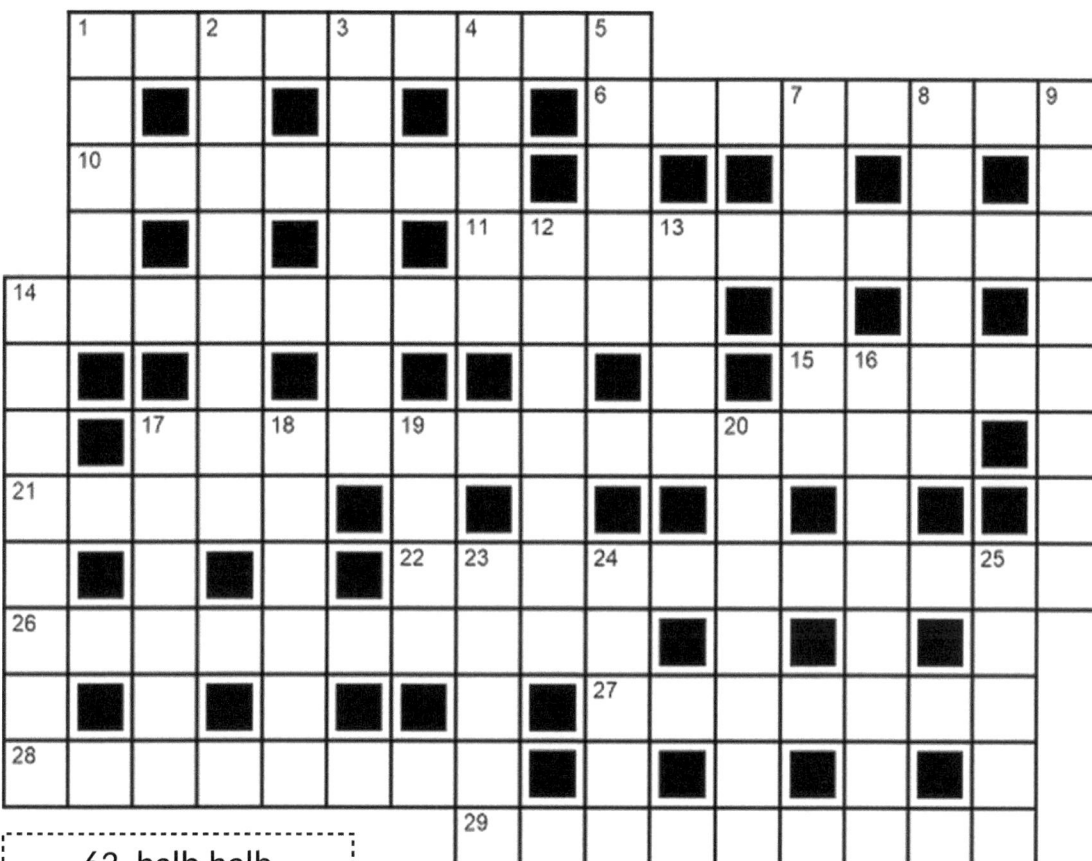

63. halb halb

Filmfragen:
1 ... Dickinson, US-Filmstar oder Song der Rolling Stones
3 Farbe des Panthers aus der erfolgreichen Kinoreihe von Blake Edwards
4 Ostwind, Hidalgo oder Black Beauty als tierischer Filmheld
6 "Treffpunkt ..." - Glenn Fords Abenteuer in Mittelamerika
8 Eric, Regisseur des Filmzyklus "Moralische Erzählungen"
9 Susan, Partnerin von Geena Davis in "Thelma & Louise"
10 "... Don Camillo" - 5. Teil der beliebten Kino-Reihe
11 wichtiges Fortbewegungsmittel in David Lynchs Roadmovie aus dem Jahr 1999

12 "... sterben einsam" - Kriegsfilm mit Burton & Eastwood
14 The Dude in "The Big Lebowski" (4,7)
15 Henry, Peter - Fonda, Martin, Charlie - ?
17 verkörpert den Titelhelden in "Der rote Korsar" (4,9)
20 Daniel Craigs 3. Abenteuer als James Bond
22 Kinohit der Neunziger mit Julia Roberts (6,5)
25 ... Girardot, franz. Filmstar
27 Land mit Cinecittà
28 ... Baye, franz. Schauspielerin
29 ... Pulver, Star aus der Schweiz

Restliche Definitionen:
○ Buch ..., Schrift der Bibel

○ Führschnur für bellende Vierbeiner
○ Genussmensch
○ hellster Stern im Sternbild Orion
○ Herzdame oder Geländeskizze
○ in mancher Hinsicht, nicht uneingeschränkt
○ kurzes Kleidungsstück
○ nach der syrischen Hauptstadt benannter Stoff
○ nach mir die ...! (laut Madame Pompadour)
○ Paarungszeit beim Schalenwild
○ Stufe in einer Entwicklung
○ Vergrößerungsglas
○ Wau als duftende Pflanze
○ Zucchero - Italo Pop, Falco - ?

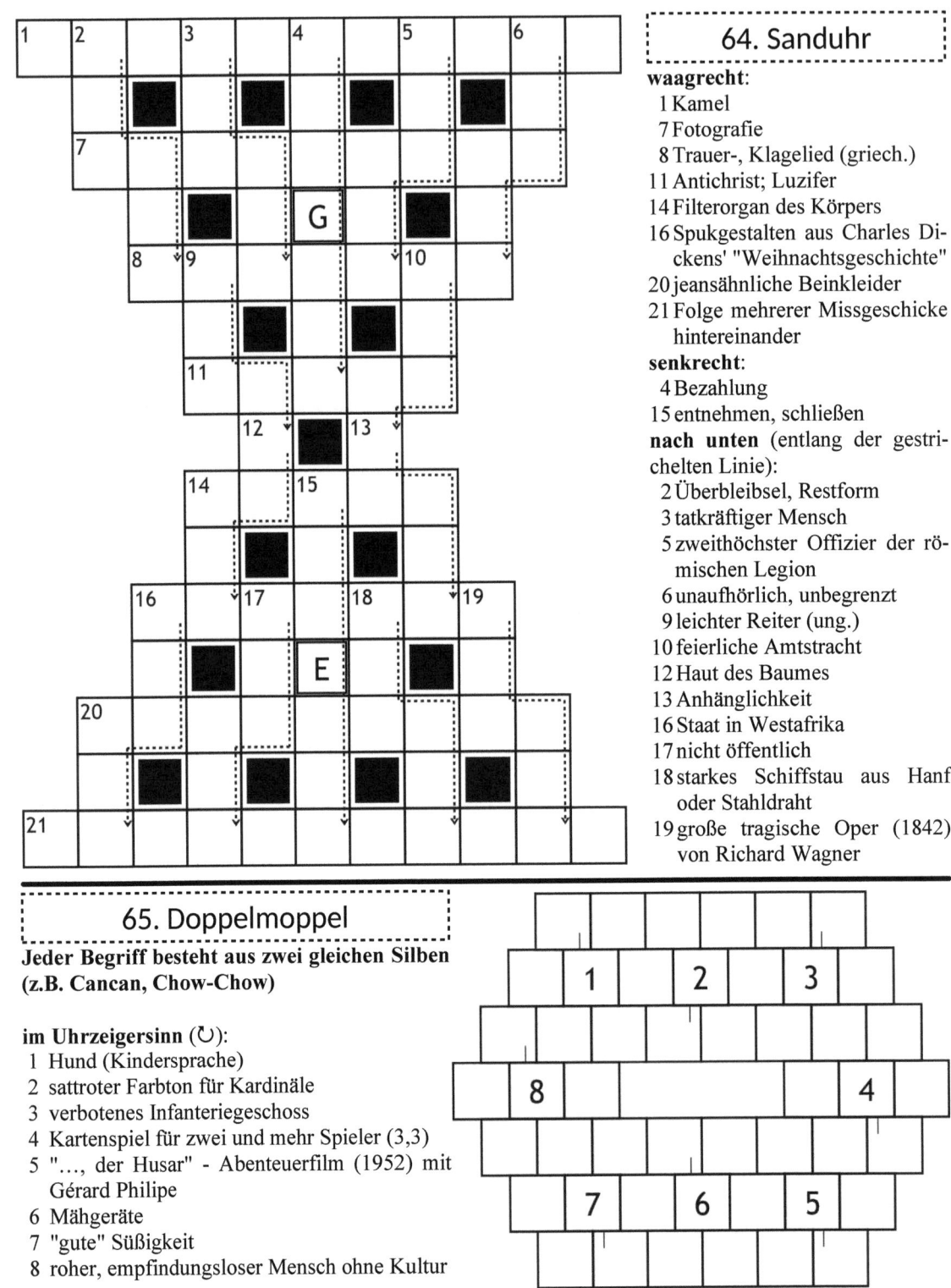

64. Sanduhr

waagrecht:
1 Kamel
7 Fotografie
8 Trauer-, Klagelied (griech.)
11 Antichrist; Luzifer
14 Filterorgan des Körpers
16 Spukgestalten aus Charles Dickens' "Weihnachtsgeschichte"
20 jeansähnliche Beinkleider
21 Folge mehrerer Missgeschicke hintereinander

senkrecht:
4 Bezahlung
15 entnehmen, schließen

nach unten (entlang der gestrichelten Linie):
2 Überbleibsel, Restform
3 tatkräftiger Mensch
5 zweithöchster Offizier der römischen Legion
6 unaufhörlich, unbegrenzt
9 leichter Reiter (ung.)
10 feierliche Amtstracht
12 Haut des Baumes
13 Anhänglichkeit
16 Staat in Westafrika
17 nicht öffentlich
18 starkes Schiffstau aus Hanf oder Stahldraht
19 große tragische Oper (1842) von Richard Wagner

65. Doppelmoppel

Jeder Begriff besteht aus zwei gleichen Silben (z.B. Cancan, Chow-Chow)

im Uhrzeigersinn (↻):
1 Hund (Kindersprache)
2 sattroter Farbton für Kardinäle
3 verbotenes Infanteriegeschoss
4 Kartenspiel für zwei und mehr Spieler (3,3)
5 "…, der Husar" - Abenteuerfilm (1952) mit Gérard Philipe
6 Mähgeräte
7 "gute" Süßigkeit
8 roher, empfindungsloser Mensch ohne Kultur

66. Vokaler

Alle Vokale (A,E,I,O,U) **sind mit einem schwarzen Punkt markiert.**

in alphabetischer Reihenfolge:

- □ Kloster oder Stift
- □ Pferd vor dem Pflug
- □ Beleidigung (franz.)
- □ ... Prost, Formel-1-Pilot
- □ Deliberationsfrist
- □ "Die ..." - Fernsehreihe bzw. -filme mit Anna Fischer in einem familieneigenen Beerdigungsunternehmen
- □ "Die Schöne und das ..." - Volksmärchen aus Frankreich
- □ nicht die ... = kein bisschen
- □ historische Bezeichnung für **GB**
- □ Verzückung (gr.)
- □ PKW an einer Ladesäule
- □ erhöhter Teil des Fußbodens
- □ Sunshine State (USA)
- □ ... Hinterseer oder ... Flick
- □ Henrik, Autor von "Nora oder Ein Puppenheim"
- □ fertig ausgebildetes, geschlechtsreifes Insekt
- □ Mönchsregel des Benediktinerordens (3,2,6)
- □ jmdn. auf die ... bringen (ugs.) = jmdn. wütend machen
- □ Büchergestell
- □ Entdecker (1895) der "X-Strahlen"
- □ Tonerzeuger bei Geige oder Gitarre
- □ Schwitzbad
- □ ... & Garfunkel (Folk-Rock-Duo)
- □ Hauptstadt Bulgariens
- □ ..., Kindergarten, Schule
- □ aufgestellter Leitsatz
- □ richterlich angeordnete Freiheitsentziehung (bei Fluchtgefahr)
- □ grundlegende Änderung, Umwandlung
- □ fremder Kerl
- □ Missvergnügen; Groll

67. Letterpartie

buntes Treiben

R				D				

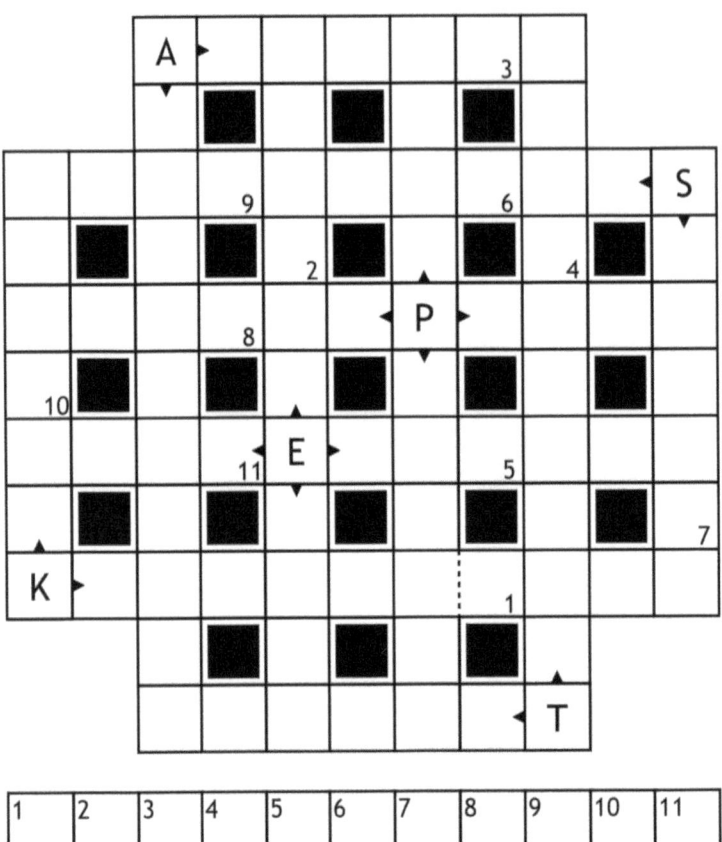

68. In vier Richtungen

Die Anfangsbuchstaben der gesuchten Begriffe sind bereits eingetragen.

in alphabetischer Reihenfolge:
- ☐ Gestaltung, Anordnung (frz.)
- ☐ Verfasserin eines Buches
- ☐ Selbstlosigkeit (gehoben)
- ☐ Kurfürst als Wahlherr
- ☐ tropisches Harz
- ☐ "Bittere ..." - Drama (1985) mit Armin Mueller-Stahl
- ☐ trennt Jütland und Fünen (7,4)
- ☐ ein paar ... (ugs.) = Prügel **bekommen**
- ☐ UdSSR - Kopeke, BRD - ?
- ☐ ... Sterling oder halbes Kilogramm
- ☐ "Peterle" als (trauriger) Clown
- ☐ Vorsteher des Klosters
- ☐ Arbeitsschiff mit Hebeanlage
- ☐ Eisenspat, -kalk
- ☐ Augenblick des Verbrechens
- ☐ "deep diving" für Aquanauten

69. In einem Zug

Der Endbuchstabe eines Begriffes ist zugleich der Anfangsbuchstabe des nächsten Wortes.

1-2 Kölnisch Wasser (für feine Nasen; 3,2,7)
2-3 Autor des Romans "In einem andern Land"(1929; 6,9)
3-4 Vorzeigeglatzkopf des internationalen Kinos ("Der König und ich"; 3,7)
4-5 Flossenfüßer, Wasserraubtiere
5-6 politischer Roman (1904) von Joseph Conrad
6-7 Teil unseres Kontinents
7-8 edle Pferderasse
8-1 Musikstil von Bob Marley

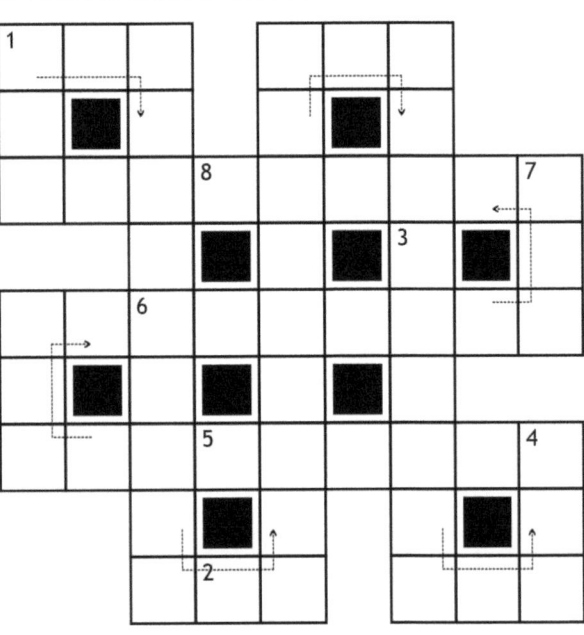

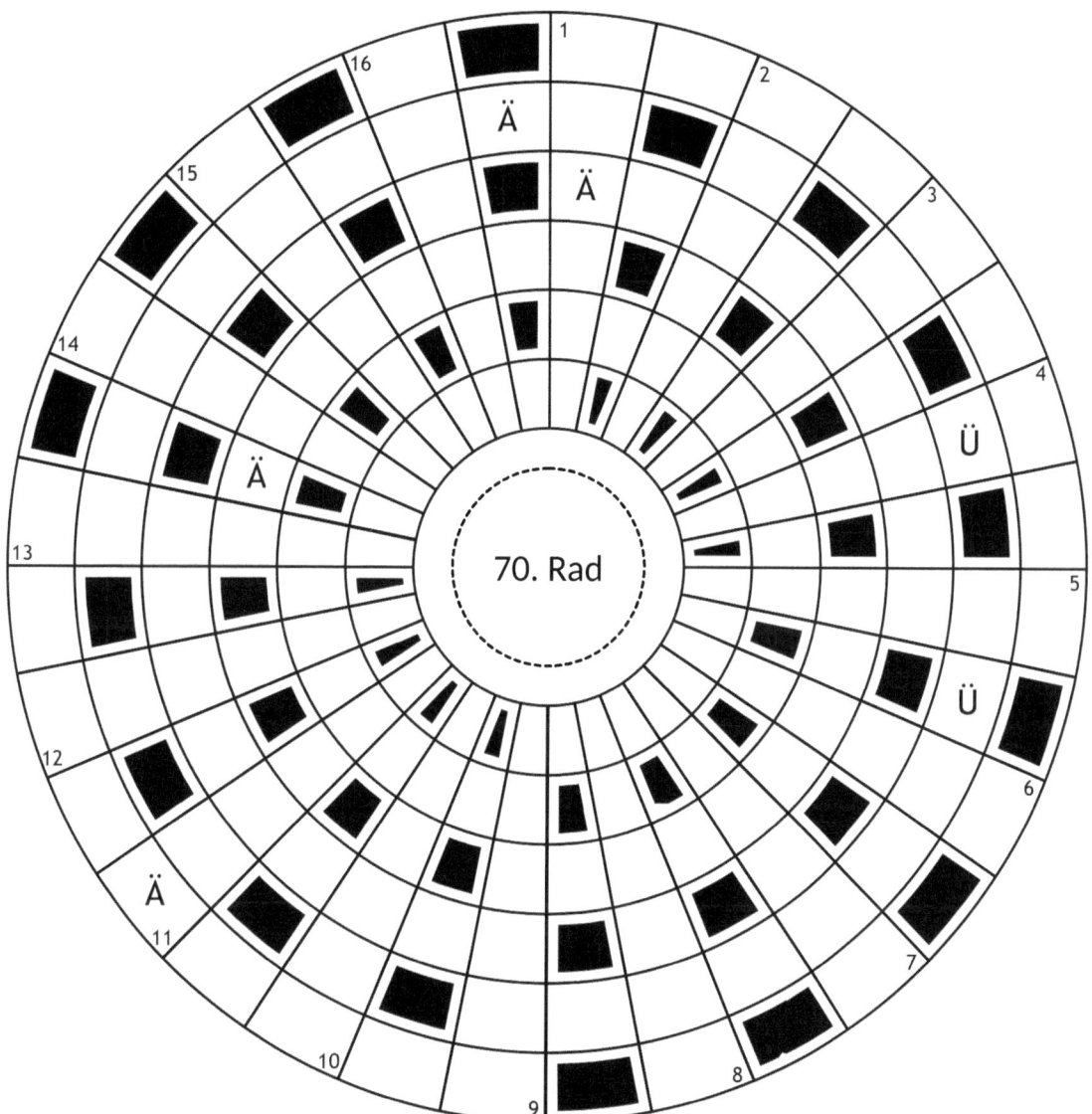

70. Rad

zentripetal (zum Mittelpunkt):
1 körperliche Kraft
2 schöne Gattin von Menelaos
3 Leguane und Agamen
4 die … sind gefallen (alea iacta est)
5 Trennungslinie
6 frei stehender, industriell genutzter Schornstein
7 Lenkvorrichtung od. Abgabe
8 (berufsmäßiger) Mörder
9 ärztliche Bescheinigung

10 zweischneidiges germanisches Langschwert
11 Frau Doktor (z.B. Logopädin)
12 Pi mal … (ugs.) = circa, etwa
13 hinter Schloss und … (ugs.) = im Gefängnis
14 Meister Adebar
15 Aufstand, Meuterei (veraltet)
16 (längliches) Rosinenbrot

im Kreis (stufenweise):
1 …-Holstein (Bundesland)

9 Zuwanderer, Fremder
○ Ausscheiden aus einem Amt
○ Vertrautheit, Innigkeit
○ altes Saiteninstrument
○ Beistand (bei einer Hochzeit)
○ Ursprung des längsten Flusses der Erde
○ Silage
○ … von Teheran (1943)
○ vorgetäuschter Lebensbund
○ Interessenvertretung (Schule)
○ schwunglose Person (5,4)

Anhand von drei angegebenen Begriffen ist ein neues Wort zu erraten.

waagrecht * senkrecht:

1 Höhe, Länge, seitlich
2 Flagge, Hammer, Sowjetunion
3 Altägypten, Herrscher, Ramses
  * fein, Kies, Kügelchen
4 Kanne, Schnabel, Spülbecken
5 Anhänger, Glücksbringer, klein
6 Formation, Mesozoikum, Wandtafel
7 Barbier, Haarschneider, veraltet
8 Farbe, Laubbaum, Spielkarte
9 frei, Schmutz, sorgfältig
10 Fruchtbarkeit, Göttin, Kanaan
11 Ball, ungenau, Zuspiel * Flamme, Holzstab, Olympiade
12 Bote, Gott, Handel
13 Bestimmung, Funkgerät, Richtung
14 Befreiung, Belagerung, Truppen
15 18, Edelgas, Leuchtröhren
16 Geschmack, Mund, Organ
17 Muleta, Stier, Torero
18 sauer, Traufe, Tropfen
19 Gewalt, Kraft, Natur
20 Ertrag, Feldfrüchte, reif

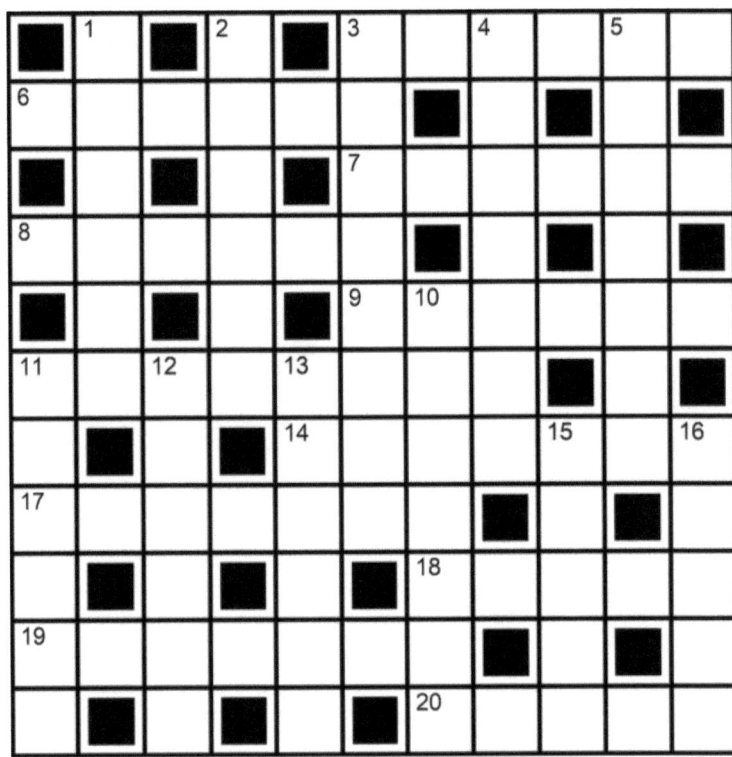

Es wird eine weitere literarische Figur (1 bis 13) gesucht.

1 20.000, Nautilus, Verne
2 Findelkind, Fagin, Dickens
3 Hogwarts, Feuerkelch, Rowling
4 Siebenbürgen, van Helsing, Stoker

72. Gestalten der Weltliteratur

73. von A bis Z

in alphabetischer Reihenfolge:

- ☐ Aristokrat, Edelmann (7)
- ☐ Schlagader (7)
- ☐ Georges, Komponist der Oper "Carmen" (5)
- ☐ blaue Hose aus festem Baumwollgewebe (9)
- ☐ einfältig, dumm (süddt. ugs.) (7)
- ☐ römische Artemis (5)
- ☐ Egon ... Kisch, Reporter (5)
- ☐ von einem schnatternden Vogel gelegtes Produkt (7)
- ☐ bekannteste Filmrolle von Macaulay Culkin (5)
- ☐ "Kate & ...", Liebeskomödie mit Meg Ryan & Hugh Jackman (7)
- ☐ Gewürzpflanze mit kleinen, weißen Blüten (7)
- ☐ ... Werft in Papenburg (5)
- ☐ tadellos, tipptopp (ugs.) (9)
- ☐ jüngere Abteilung des Neogens (7)
- ☐ englische Königin (5)
- ☐ Tobsucht(sanfall) (7)
- ☐ ... in der Wüste (Mahner) (5)
- ☐ Sonnabend (7)
- ☐ ungarischer männlicher Vorname (Anagramm: Orbit) (5)
- ☐ Japaner aus der Hauptstadt (7)
- ☐ unbestimmt, ungefähr (7)
- ☐ Adoration, Anbetung (9)
- ☐ ohne Schutz; unbewaffnet (7)
- ☐ Entgegnung; Replik (9)

Unsere Bundesländer

---

74. zwei Metagramme

Junger Hirsch aus Suhl

*Ich lass mir ein Geweih **w** _ _ _ _ _ _*
und dann ziehe ich nach _ _ _ _ _ _ _ _ .
Dort gibt es schönere _ _ _ _ ;
*finde eine, ohne **M** _ _ _ .*

75. Anagramm

Aufruhr in Suhl

In vielen Kneipen in Suhl (_ _ _ _ _ _ _ _ _)
folgende Infos an der _ _ _ / _ _ _ _ _ _ :
"Liebe Stammgäste! Blöde Geschichte,
heute gibts keine Wildfleischgerichte."

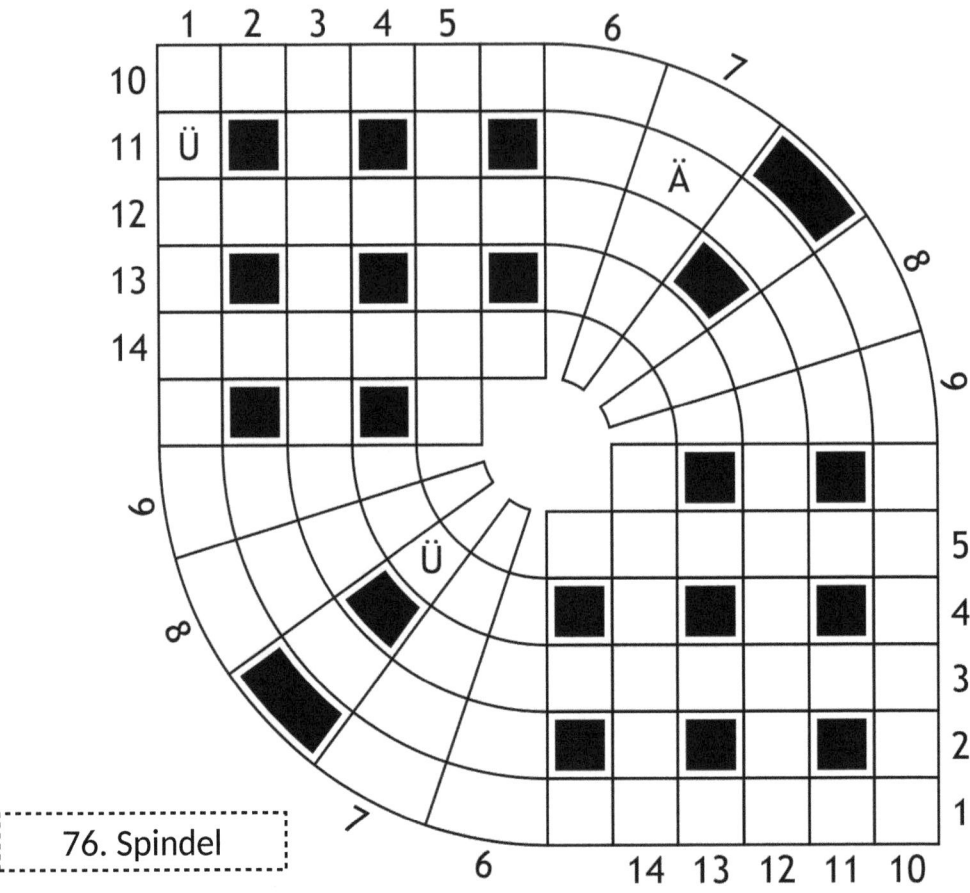

⇩

1-1 Maler oder Bildhauer * Gänserich - Mastgans, Erpel -?
2-2 Baustoff
3-3 Unsinn, Geschwätz (ugs.) * "Irgendwie, …, irgendwann" - Hit von Nena
4-4 musikalisches Übungsstück
5-5 Getreideart mit langem Halm * Eifer und Sorgfalt
6-6 zuverlässig; anhänglich * Frauenname in "international"
7-7 Träne (dichterisch veraltet) * Mundart oder (feste) Redewendung

8-8 , * Rind unter den "Haustieren"
9-9 irische New-Age-Musikerin und Sängerin ("Only Time") * "Schätze der Welt - … der Menschheit" (Doku-Reihe)

⇨

10-10 Käthe, Malerin, Grafikerin, Bildhauerin ("Mutter mit totem Sohn") * Behälter zum Aufbewahren von Anisplätzchen
11-11 Vernunft, Einsicht (veraltend)
12-12 Wasserpfeife * unzählige Menge
13-13 Mutter der Großmutter
14-14 weicher Sahnebonbon * Mandant - … eines Rechtsanwalts

77. Metagramm
Autonation Deutschland

Land der Dichter, _ _ _ _ _ _
und _ _ _ _ _ _ .

78. Metagramm
Brunftzeit

Zwei _ _ _ _ _ _ _ *und nur eine Kuh?*
_ *a* _ _ _ _ _ *Kämpfe folgen im Nu.*

Diagramm A

Diagramm B

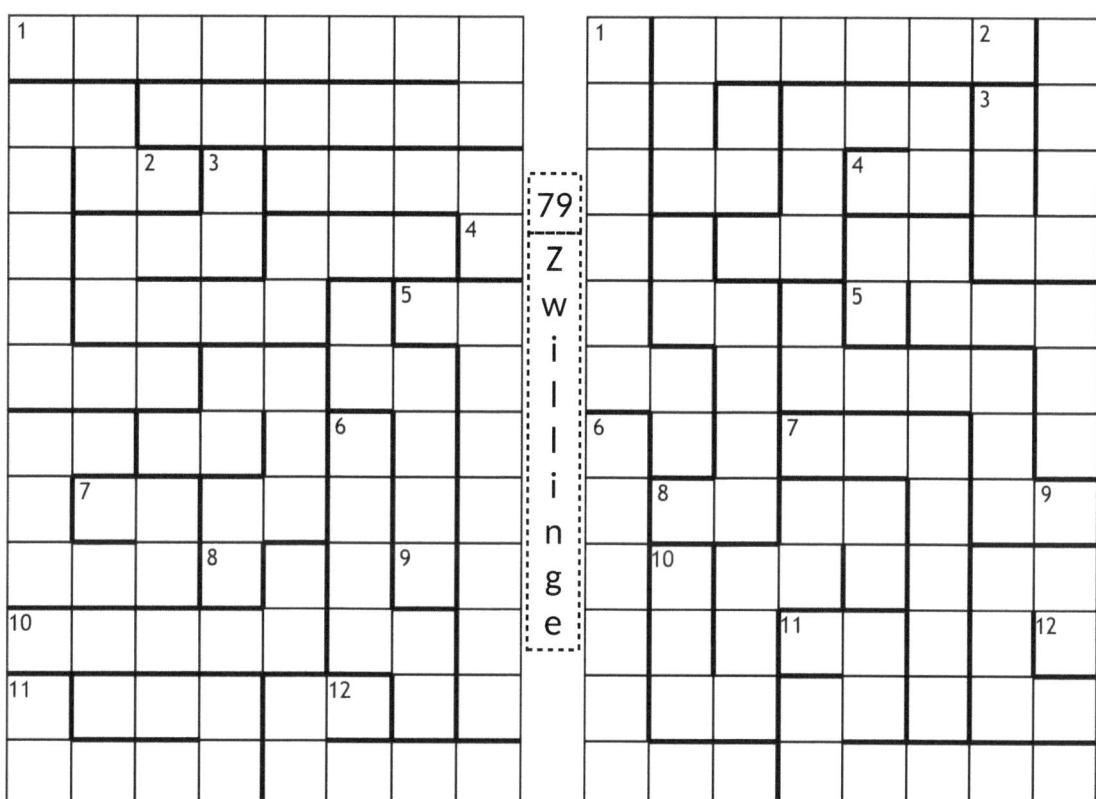

Bei richtiger Lösung erscheint in beiden Diagrammen die gleiche Buchstabenfolge

entlang der markierten (dicken) Linien

Diagramm A

1 Autor des Bestsellers "Die Vermessung der Welt" (6,8)
2 Verbene (Heilpflanze)
3 aufmerksames Verhalten; Vorsicht
4 berühmtes Opernhaus in Mailand (Kurzform)
5 Geschehnis, Begebenheit
6 Nina Kunzendorf - Conny Mey, Joachim Król - Frank ? ("Tatort"-Reihe)
7 B&W - Schwarzweißfilm, C - ?
8 Beamtentitel im kaiserlichen China
9 Gefolgsmann; treuer Anhänger
10 Höhen und …
11 dekorative Papier- oder Blumenkette
12 Vertiefung in einer Wand, Mauer

Diagramm B

1 Sendereihe (2013, ARD-Alpha) mit Themen der Zeit aus philosophischer Sicht (oder Think Tank)
2 Halbinsel zwischen Schwarzem Meer und Mittelmeer
3 einfacher, abgetragener Schuh
4 Jahrbuch mit Kalender
5 Prügelei, Rauferei, Schlägerei
6 junge Fahrstuhlführerin
7 Stadt im Taunus mit Hexenturm
8 wirklichkeitsfremder Träumer, Schwärmer
9 Warnung vor toxisch wirkender Substanz
10 Klein-, Spießbürger (abwertend)
11 in der Stratosphäre verweilendes Material nach einem Vulkanausbruch
12 umgekehrt (lat.)

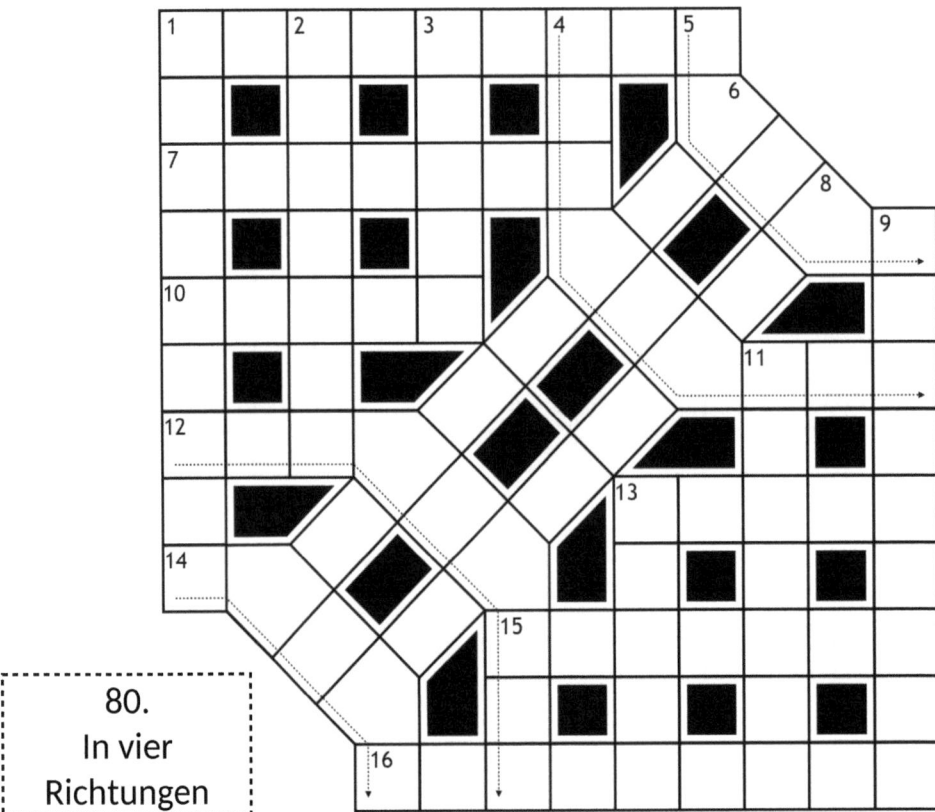

80. In vier Richtungen

⇨
1 Kirschen oder Zwetschgen
7 sehr fromme, tugendhafte Frau (ugs.)
10 Stockwerk eines Bauwerks
13 "giftiges" Computerprogramm
15 Catherine, Partnerin von Jean-Paul Belmondo in "Das Geheimnis der falschen Braut"
16 besonders beachteter (Fest)teilnehmer

⇩
1 Neffe - Nichte, Bruder - ?
2 VAE = Vereinigte Arabische …
3 zur … gehen = zu Ende gehen (Menge)
9 Bad … - Kurstadt im Unstrut-Hainich-Kreis

11 Göttin des Glücks (röm. Mythologie)
13 Blutgefäße in "Nervenentzündung"

↓ (entlang der markierten Linien)
4 Vorrichtung zum Brennen von Kalk, Porzellan oder Ziegeln
5 mittelalterlicher Reiterzweikampf mit scharfen Waffen
12 "Hitzemonat" des französischen Revolutions- kalenders
14 zerfallen(d)es Bauwerk

↗
6 Löwe, …, Waage
8 Waage, …, Schütze

---

81. Metagramm

Tom und Jerry

*Hier spielt die Katze mit der _ _ _ _
und verwüstet das ganze _ _ _ _.*

82. Homonym

Flotte Otter auf Shoppingtour

*Stellt sich die _ _ _ _ _ _ _ _ in die _ _ _ _ _ _ _ _
wird's allen gleich angst und bange.*

83. Duell im Duett

Die Definitionen gelten für beide Diagramme. Alle Buchstaben H,Ä,K sind bereits eingetragen.

● waagrecht ○ senkrecht:
- ● Blutsverwandter der männlichen Linie
- ○ Fort, Wiege der texanischen Freiheit
- ● Landeplatz der Arche Noah
- ○ vorwärts, weiter (ital.)
- ● ... Hoffman, US-Filmstar ("Der Marathon-Mann")
- ○ ⏎ (am PC)
- ○ Riga - Lettin, Tallinn - ?
- ● Flüssigkeitsentnehmer
- ● übermütiger Sohn des Dädalus
- ○ MKK - Main-...-Kreis
- ○ Alle großen ... sind bescheiden (Lessing)
- ○ ... Gordimer, Literaturnobelpreisträgerin aus Südafrika
- ● Song (1985) von Elton John oder ... Chruschtschow
- ○ Heiligenschein, Gloriole
- ● Ordensschwester
- ○ Ablegemappe, Hefter oder Securitymann
- ○ Baltisches Meer
- ● da wird der Hund in der ... verrückt (salopp)
- ○ Thriller mit Jennifer Lawrence als russische Agentin (3,7)
- ● Amundsen (Polarforscher) oder Dahl (Schriftsteller)
- ● Partner von Tony Curtis in der Kultserie "Die 2" (5,5)
- ● weizenfreie Backware mit Schrot im Sauerteig
- ● grob gemahlene Getreidekörner (s. obige Zeile)
- ○ Vortrieb in der Technik
- ● Fauteuil
- ● Keimfreiheit (Medizin)
- ● mit Stumpf und ... = völlig, ganz und gar
- ○ alter Vorfahr

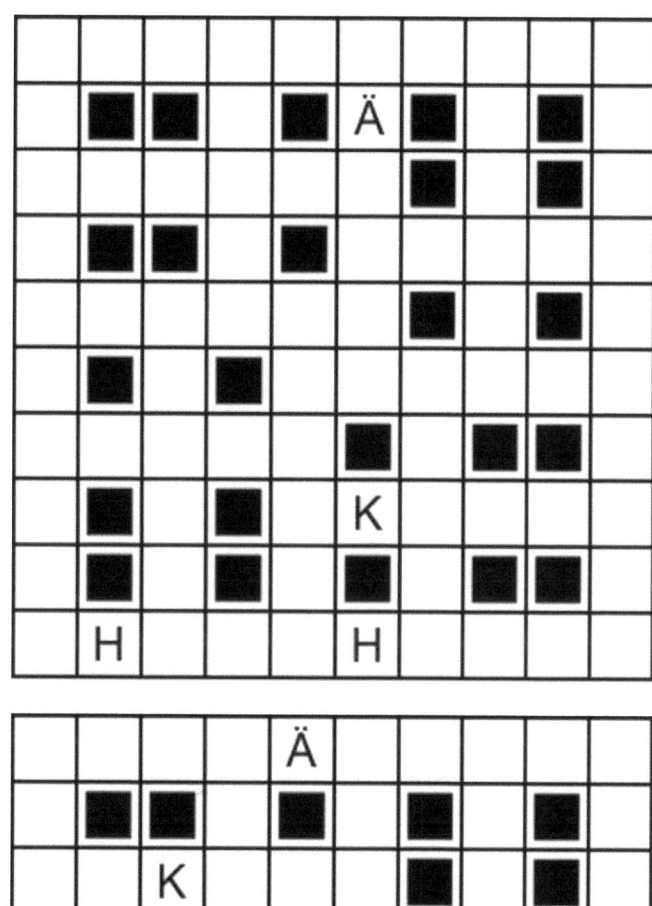

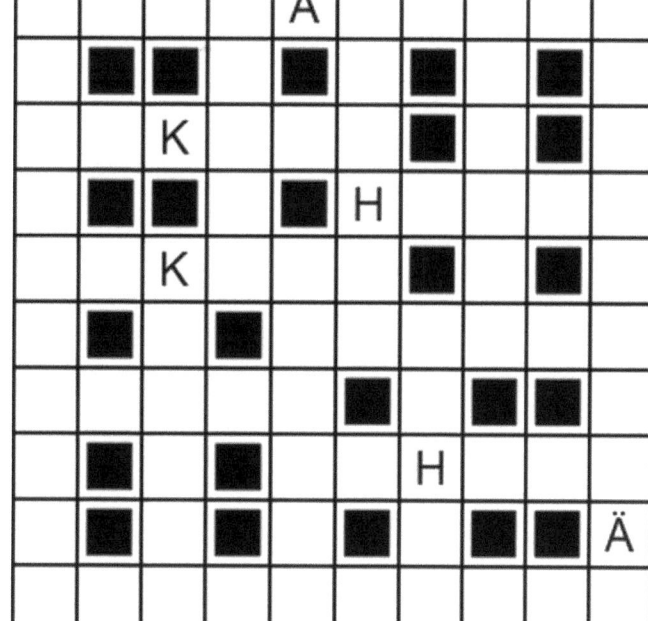

- ○ Kolumbus - Genuese, Casanova - ?
- ● Unterlassung, Omission; Schluderei
- ● Regierungssitz des US-Präsidenten (in dessen Amtssprache) (5,5)
- ● Wirbelsturm mit Auge

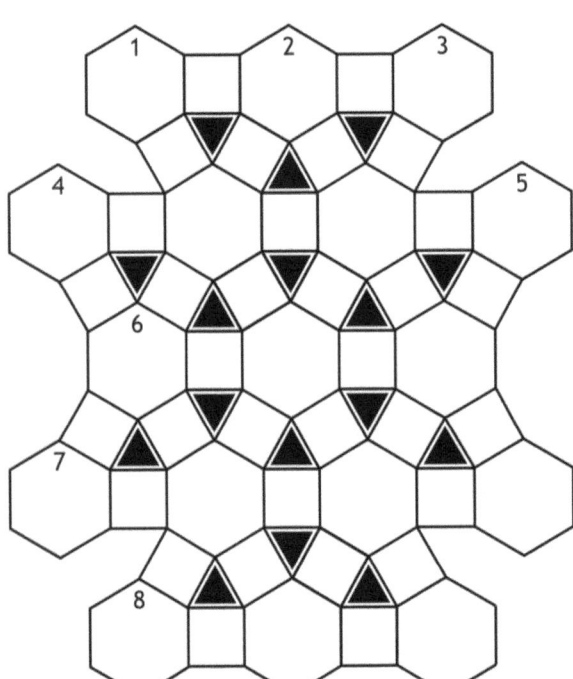

⇨
1 …, öffne dich! - Zauberformel (im Märchen)
4 staatliche Institution mit bestimmten Aufgaben
6 v. u. = von …
7 unfreundlicher, unhöflicher Mensch
8 sachliche Verbindung, Verknüpftheit

↘
1 Frank, Autor des Sci-Fi-Öko-Thrillers "Der Schwarm" (2004)
2 weibliche Fabelwesen mit betörendem Gesang (griechische Mythologie)
4 Balken und Bretter für ein Blockhaus

↗
2 Tatkraft; Elan
3 (geflochtenes) Behältnis zum Tragen von Einkäufen
5 schweizerisch für Mitgliedschaft (in einem Gremium)

85. Netz

in einem Zug (von Punkt zu Punkt):
Land...
○ auf dem Balkan (7,3,11)
○ der Skipetaren
○ der Tulpen und Windmühlen
○ am Roten Meer
○ im Norden Afrikas
○ der Maori und Kiwis

waagrecht:
1 Thiamin, Vitamin B_1
2 Treffer beim Basketball
3 ... Delacroix, Maler
4 Land der Csikós
5 Sohn des Dädalus
6 Land in Zentralamerika
7 "böhmische" Ortschaften
8 ... machen = Aufsehen erregen
9 "Five Miles Out ", Song von Maggie ... und Mike Oldfield
10 geistig; nicht materiell
11 0, ..., 2
12 Bandage oder Union

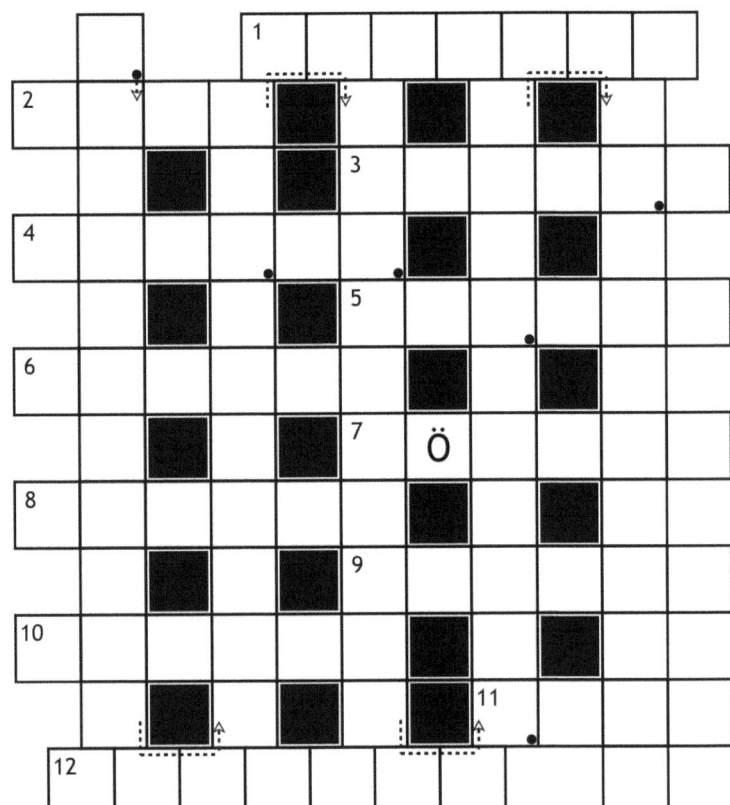

50

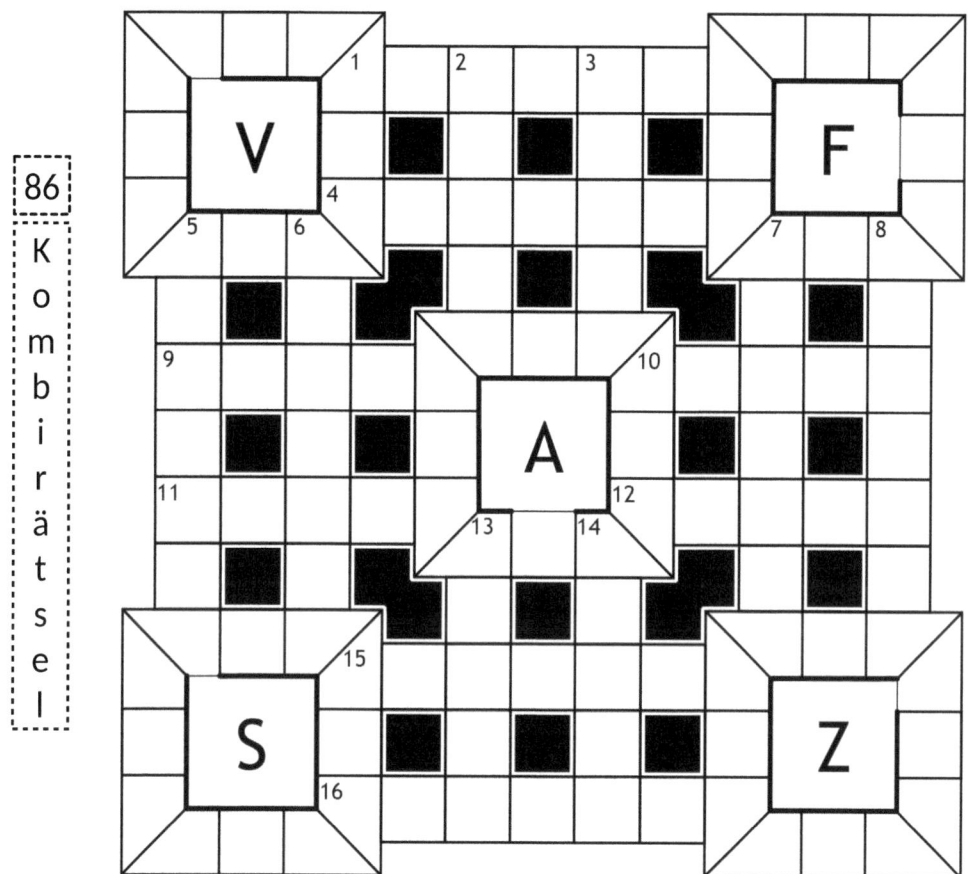

im Uhrzeigersinn (die Anfangsbuchstaben sind eingetragen):
- □ aus sicherer Quelle (Nachrich-
  ten, Informationen; 3,6,4)
- □ Merkur (I), Venus (II), Erde
  (III), **Mars (IV)**, Jupiter (V)
  (7,6)
- □ im Geheimen wirkende feind-
  liche Gruppe im Innern eines
  Landes (6,7)
- □ "Du sollst nicht ehebrechen!"
  (8,5)
- □ Dezember (8,5)

waagrecht (⇨):
1 plumper Mensch (ugs.)
4 Waldtier mit Geweih
9 leichter Schlag (auf den Po)
10 Schlagersänger und Interpret
   deutscher Volkslieder (*1938)
11 zelebrieren = eine … lesen
12 Rest; Ende
15 flüssiges Waschmittel für die
   Haare
16 Wahlherr (z.B. Kurfürst bei
   der Königswahl)

senkrecht (⇩):
2 gebänderter Chalzedon von
  verschiedener Färbung
3 Peter aus Polen (… Beczała)
5 Nachfahre (veraltet)
6 gemütliche Plauderei (süddt.)
7 Herausgabe (lat.)
8 Stoßwaffe mit biegsamer,
  vierkantiger Klinge und
  Handschutz
13 Mixgetränk (engl.)
14 Aufbewahrungsort (franz.)

---

87. Metagramm

Urlaub auf dem Lande

Jeden Morgen früh kräht der _ _ _ _
und treibt die Gäste in den _ _ _ _.

88. Metagramm

Sonntagsbraten in spe

O Schande, der Wirt holt grad' das _ _ _ _,
da suche ich in der Flucht mein _ _ _ _.

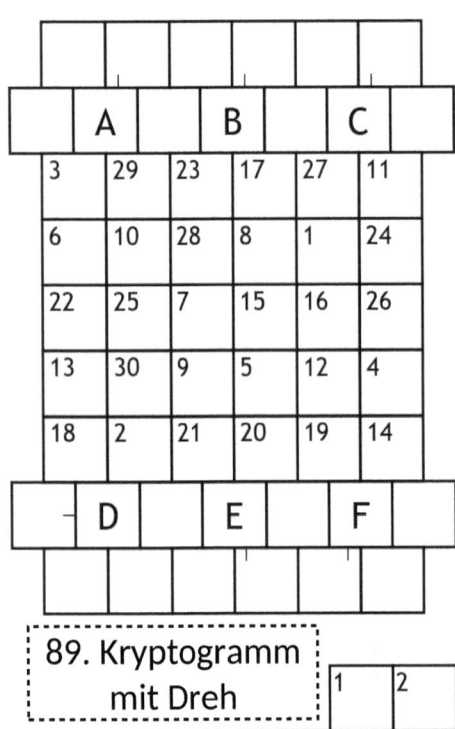

89. Kryptogramm mit Dreh

1	2					
3	4	5	6	7	8	9
10	11	12	13	14	15	16
17	18	19	20	21	22	23
24	25	26	27	28	29	30

im Uhrzeigersinn (↻):
A eingedeichtes Land (nl.)
B Luc, franz. Filmregisseur ("Lucy")
C Wallfahrer, frommer Wanderer
D weiß wie ... werden = erbleichen
E ..., Freude, Eierkuchen (ugs.)
F kleine, rundliche Früchte
senkrecht (⇩):
 3 festliches Mittag- oder Abendessen
29 Laubbaum in "Blindenschrift"
23 Tunke, Dip
17 Marktbude oder Sachlage
27 Zeche, Mine
11 schwere ... haben = müde sein (gehoben)
waagrecht (⇨):
18 Schiffseigner

90. Kryptogramm

13	14	15	19	21	27	37	38
18	7	24	26	5	23	11	1
34	32	6	2	25	22	39	28
9	29	20	8	35	31	30	16
40	36	17	12	10	3	33	4

Jede "Definition" besteht aus Frage und versteckter Antwort (Beispiele: bulliges *Haustier* * *Vierbeiner* des Jahr**hund**erts)

senkrecht (⇩):
13 unpraktisches Möbelstück
14 wertloses Schriftstück zwischen den Akten
15 Kuhs Wunschbild im Weidealltag
19 deutscher Autor, schrieb über unbekannte Zwergrassen
21 dünne Metallplatte für noblechairs
27 runde Figur auf der Rückreise vom Geometertreffen
37 unwichtiges Kerlchen
38 (un)beliebter Vorname in Radolfzell am Bodensee

1	2	3	4	5	6	7	8
9	10	11	12	13	14	15	16
17	18	19	20	21	22	23	24
25	26	27	28	29	30	31	32
33	34	35	36	37	38	39	40

91. Metagramm
Trödel-Show im ZDF

○ ○ ○ ○ ○ *für* ○ ○ ○ ○ ○

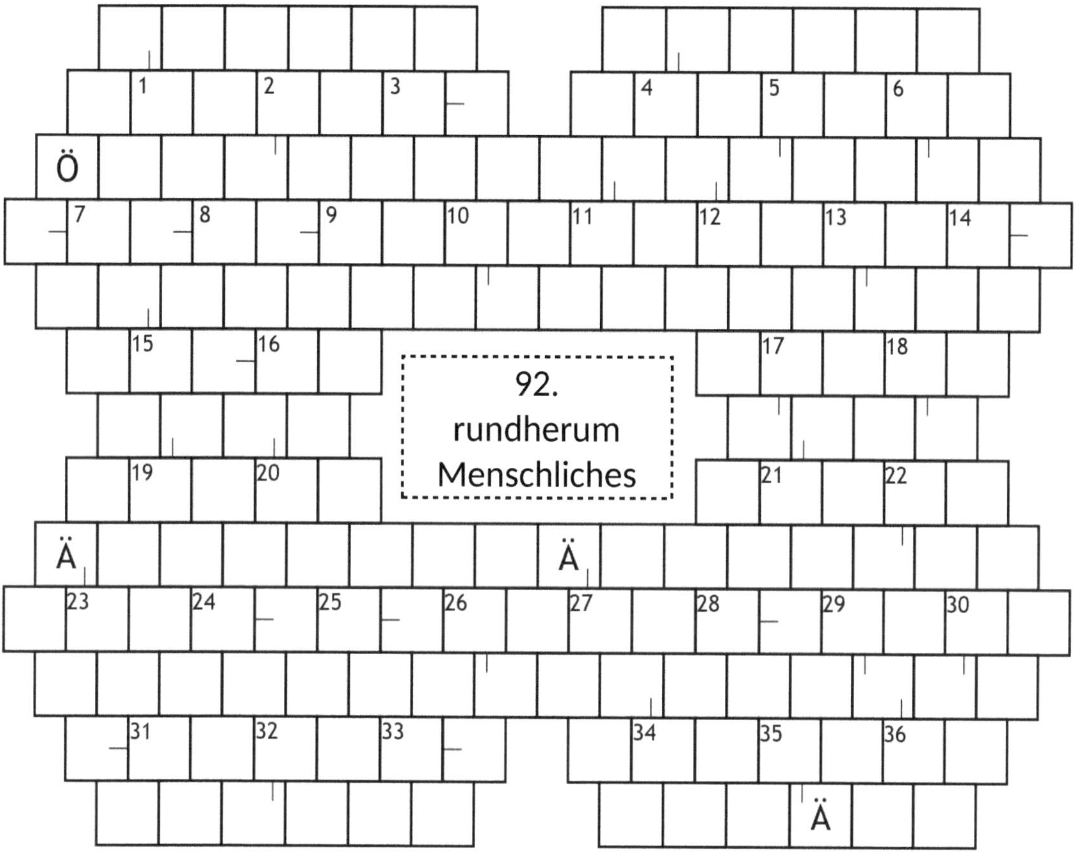

The grid contains letters: Ö (near position under 1), Ä (near 23), Ä (near 27), Ä (near 35).

92.
rundherum
Menschliches

im Uhrzeigersinn (↻; erster Buchstabe im Zahlenfeld):

1 "Ziemlich beste …" - Komödien-Hit (2011) aus Frankreich
2 stellt etwas in Abrede (… des Holocaust)
3 Hochschüler
4 kleiner Kerl (ugs.)
5 Angebetete (veraltet)
6 Dandy, Geck (veraltend)
7 Dummkopf (ugs.)
8 Filmschaffender oder Filmkenner
9 "Schöne der Nacht" hinter der Theke
10 Rohling (ugs.)
11 Graffitikünstler, Sprüher
12 Kauz, Sonderling (ugs.)
13 Müßiggänger (franz.)

14 Sachverständiger, Fachmann
15 "Operation gelungen, … tot" (ugs.)
16 Vortragskünstlerin, besonders im Kabarett (franz.)
17 beeindruckend schöne, "explosive" Frau (ugs.)
18 Schlichter, Mediator
19 alter, erfahrener Soldat
20 dunkle … - unbekannte, nicht näher zu identifizierende Person
21 Pensionär
22 päpstlicher Botschafter
23 den Bock zum … machen (ugs.)
24 einfältiger Mensch (ugs.)
25 Eunuch, Entmannter
26 Mensch ohne eigene Meinung
27 Kaufmann; Verkäufer

28 treuer Gefolgsmann
29 bedauerns- oder verachtenswerter Mensch
30 Bub(e), Junge, Knabe
31 Zahnarzt
32 Dummköpfe oder Film von Lars von Trier (1998)
33 Betreuerin, Begleiterin, Führerin in Ausstellungen
34 "buddelartige" Niete (ugs.)
35 Kätner; Büdner
36 Lastwagenfahrer

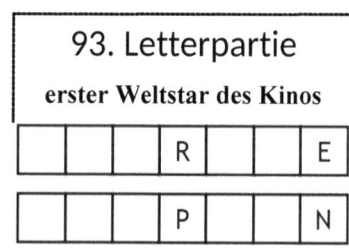

93. Letterpartie

erster Weltstar des Kinos

| | | | R | | | E |
| | | | P | | | N |

53

94. In drei Richtungen

⇨ ⬂ ⬀:

1 Darstellungsweise, Art * Trophäe eines Irokesen (im Wilden Westen)
2 Stoke-on-… - Stadt in den englischen Midlands
3 "Das Mädchen … la Douce" - Komödie (1963) von Billy Wilder
4 kundiger Schiffsführer
5 wüstes Durcheinander * Köln - tschüss, Rom - ?
6 Getreideart mit kleinen, runden Körnern
7 "... Karenina" - Roman von Lev Tolstoj
8 "Gemüse" des **Tor**-Netzwerkes (The … **R**outer) oder Metagramm von Union
9 (Wundpflaster)streifen
10 in den … passen (ugs.) = gelegen kommen
11 Arbeitsgruppe; Mannschaft
12 jmdm. unter die … greifen = helfen
13 Coach; Sportlehrer

14 …-Neuguinea (Staat)
15 Köter - wau(, wau), Kater - ?
16 noch nicht Twen * (innerer) Drang
17 Wundabsonderung
18 einsitziges Ruder- oder Paddelboot
19 … Bohr, dänischer Physiker
20 römischer Kriegsgott
21 Alain, erfolgreicher Formel-1-Pilot
22 griechische Hafenstadt in der Region Fokida (oder Metagramm von Item)
23 Ried, Schilf (norddt.)
24 größerer Raum für Veranstaltungen, besonders in Schulen und Universitäten
25 Kranker beim Arzt
26 Währung in Italien
27 Variation; Varietät
28 Unterbrechung einer Wanderung zur Erholung

---

95. Metagramme

Im Schweinestall

"Schau dir dort die arme _ _ _,
ihr ist heute ziemlich _ _ _."
"Aber der _ _ _ _, der fühlt sich wohl.
Verputzte _ _ _ n den ganzen Kohl!"

---

96. Metagramme mit Anagramm

Im Teich

A,A=M *"Der _ _ _ _ _ _ _ ist heut' ziemlich _ o _ _ _ _ _ !"*
M *"Nicht so, wie der lahme _ _ _ _ _ _ ."*
M *"Süßwasser! Knochen sind m _ _ _ _ _ .*
M1 *Aber dort drüben, dem _ _ _ _ _*
M1 *ist seit Tagen alles r_ _ _ _ !"*

97. Kreuzwort mit Bild

waagrecht (in Reihen):
- ☐ Geräusch, Schall
- ☐ nachtaktive Beutelratte
- ☐ positiv geladene Elektrode
- ☐ Religionswissenschaftler
- ☐ erster Kontaktpunkt für Interessenten und Kunden (bei Hochschulen, Institutionen)
- ☐ Vorname der Filmstars De Niro und Mitchum
- ☐ "Mit ..., Charme und Melone", kultige Fernsehserie
- ☐ Herrscher der Unterwelt im alten Ägypten
- ☐ amtliche Verfügung
- ☐ Stamm, ..., Ordnung (Taxonomie)
- ☐ zweitgrößter Kontinent der Erde
- ☐ positive Reaktion; Zustimmung
- ☐ Unterkunft für Soldaten
- ☐ ... Cottbus, Fußballverein
- ☐ Adlernest
- ☐ ⇧ ..., verkörperte Oberinspektor Derrick (1974-98)
- ☐ "Die ... in den Zeiten der Cholera", Roman (1985)

senkrecht (in Kolumnen):
- ☐ Erdfarbe
- ☐ Bier, Schnaps, Wein als giftige(s) Genussmittel
- ☐ Nekrolog
- ☐ Mario, Schauspieler ("Die Blechtrommel")
- ☐ Notvorrat oder Zurückhaltung
- ☐ Kunst des Papierfaltens
- ☐ ...-Universität Frankfurt am Main
- ☐ Meeresschildkröte
- ☐ siehe Bild ⇨
- ☐ Stilrichtung der europäischen Kunst im 18. Jh.
- ☐ deutsches Pub
- ☐ Applaus
- ☐ einseitige Diffusion eines Stoffes (Wasser) durch eine semipermeable Membran
- ☐ badet Regenwürmer im Fluss
- ☐ Disziplin im Gewichtheben
- ☐ BMU = Bundesministerium für ..., Naturschutz und nukleare Sicherheit
- ☐ abgesondertes Wohnviertel (ital.)

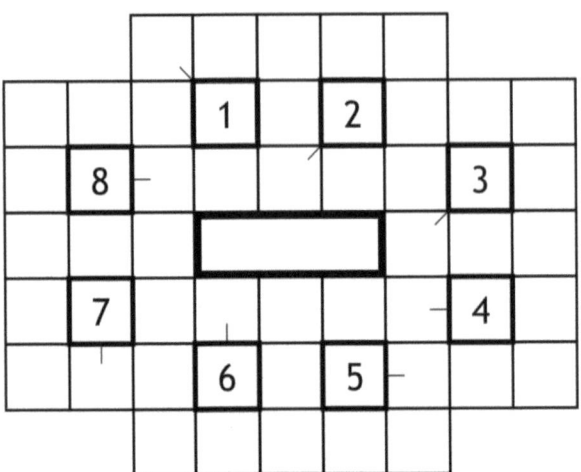

im Uhrzeigersinn (↻):
1 Ronald Zehrfelds Partnerin in "Barbara" und "Phoenix" (4,4)
2 Landeshauptstadt an der Leine
3 Vergeltung, Rache
4 Filmskript
5 Roter ... - größte Hilfsorganisation der Türkei
6 breitkrempiger, "schattiger" Hut
7 mathematische Vorschrift
8 Sternensaga mit Han Solo (4,4)

99. Stern

1-4 heftiger Kopfschmerz
1-5 Navette, Gemüsepflanze mit essbarer Wurzel
2-3 Kirchendiener, Messdiener, Küster (schweizerisch)
2-6 Notengestell
3-6 Überreste eines zerstörten Bauwerks
4-5 regionale Seuche

100. Metagramme mit Homonym

Haar in der Suppe
(Zeugenaussage des Kellners)

Hohes _ _ _ _ _ _ .	H
Da flog gleich das _ _ _ _ _ _ _ ,	H=M1
direkt in mein _ _ _ _ _ _ _ .	M1
Ich verlor Gleichgewicht.	
Folgen: dicke _ _ _ _ _ ,	M2
gebrochene _ _ _ _ _ .	M2

101. Metagramm

Viper als Wiederholungstäterin

Wird es der _ _ _ _ _ _ _ _ erneut gelingen ihren Kopf zu ziehen, aus der _ _ _ _ _ _ _ ?

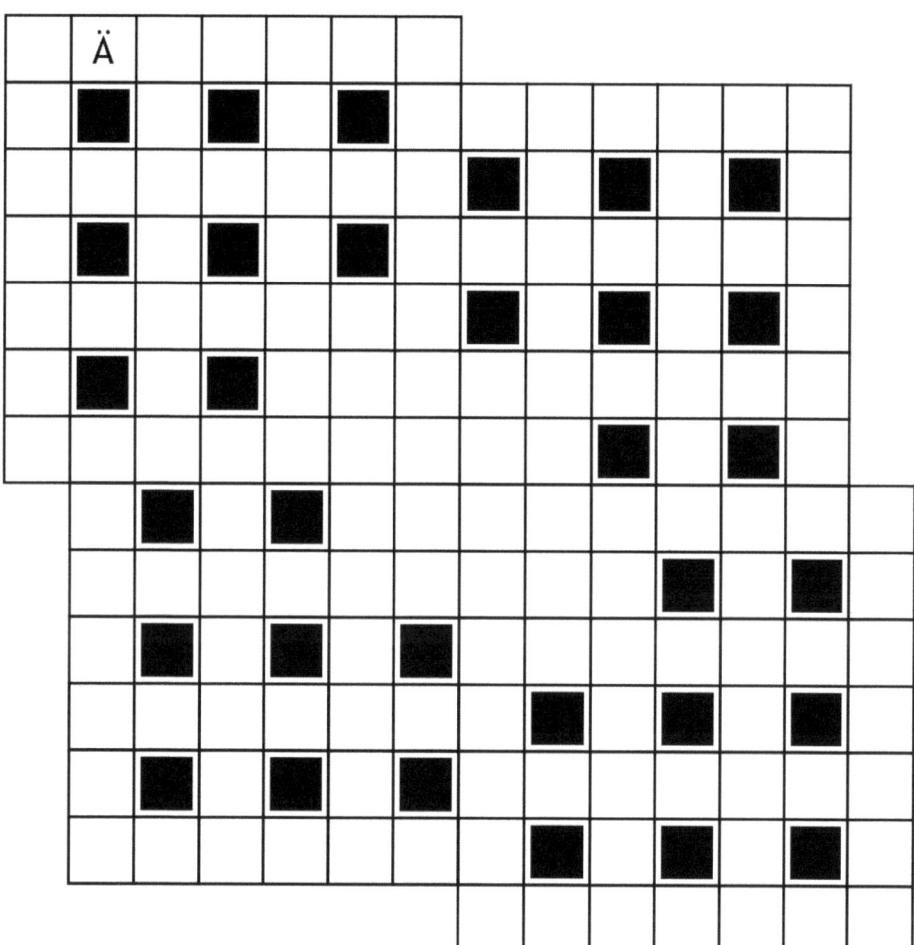

waagrecht (in Reihen):
- Fighter; tapferer Haudegen
- Säulenverdickung
- Impuls, Anreiz
- afrikanischer Staat
- Krawatte
- operative Korrektur einer Fehlstellung des Knochens
- südindischer Bundesstaat am Arabischen Meer (Anagramm: AKT + ANKARA)
- Bahama-Insel (518 qkm | Anagramm: LEERE HAUT)
- Beleg
- grüner bis blaugrüner Schmuckstein
- sizilianische Stadt
- 20 Minuten im Eishockeyspiel
- überseeischer Besitz
- Buch ..., auch 2. Buch Esra (Altes Testament)

102. Kreuzwort

senkrecht (in Kolumnen):
- Epoche kultureller Höchstleistung
- Klangwirkung
- Baumaschine
- Zwangslage; Gefahrensituation
- 27. Bundesstaat der USA (seit 1845)
- August (1822-78), bedeutender Geograph und Kartograph
- Formel-1-Team
- Meernymphen in griech. Mythologie
- beliebter Schmuckstein
- Fußbodenbelag, auf dem man bleiben sollte
- Schabernack
- Druckfehler (lat.)
- Voyeur (salopp)
- türkisches Seebad an der Mittelmeerküste

103. Schlagerstars

waagrecht (in Reihen):
InterpretIn von:
- "Ganz in Weiß" (Roy)
- "Ein bißchen Spaß muss sein" (Roberto)
- "Ein Bett im Kornfeld" (Jürgen)
- "Ein bißchen Frieden"
- "Du hast mich tausendmal belogen" (6,4)
- "Santa Maria" (Roland)
- "Rot sind die Rosen" (Semino)
- "Eine neue Liebe ist wie ein neues Leben" (Jürgen)
- "Fiesta Mexicana" (Rex)

senkrecht (in Kolumnen):
- Heiratsgesuch, -angebot
- antiker Name für Großbritannien
- Fliege oder Kleinstadt in Niedersachsen
- draußen - outdoor, drinnen - ?
- Inuk aus Grönland
- spanischer Weinkeller
- Stammesherzogtum ... - Teil des ostfränkischen Reichs
- fleißiges Insekt
- Affe mit Blutfaktor
- **K**nockout (beim Boxkampf)

104. Serpentine

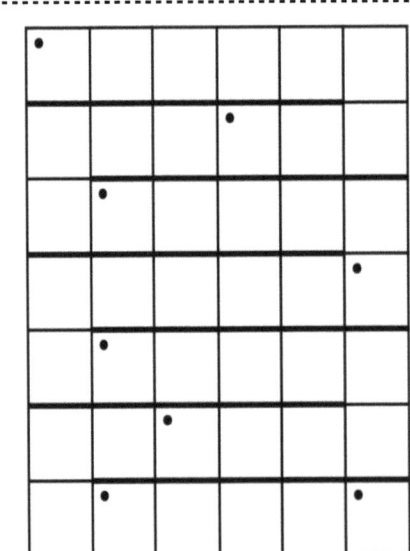

waagrecht (⇨)
1 Schneid(er)werkzeug
2 Krösus - König der …
3 schmale Latte aus Holz
4 bekanntester Collie im Kino und Fernsehen
5 ringförmige Riffe
6 ungleich
7 Ausleger, Interpret

in Schlangenlinie (von Punkt zu Punkt):
- Unannehmlichkeit, Ärger (ugs.)
- harmonisch verklärtes ländliches Leben (ugs.)
- erfrischendes Kaltgetränk
- knackiges Blattgemüse
- Gesellschaftskomödie (2000) von Sören Voigt oder großer Trumpf eines Hotels (5,4)
- "Erec et …" - Verserzählung der Artusepik (um 1160)
- Milchorgan der Kuh

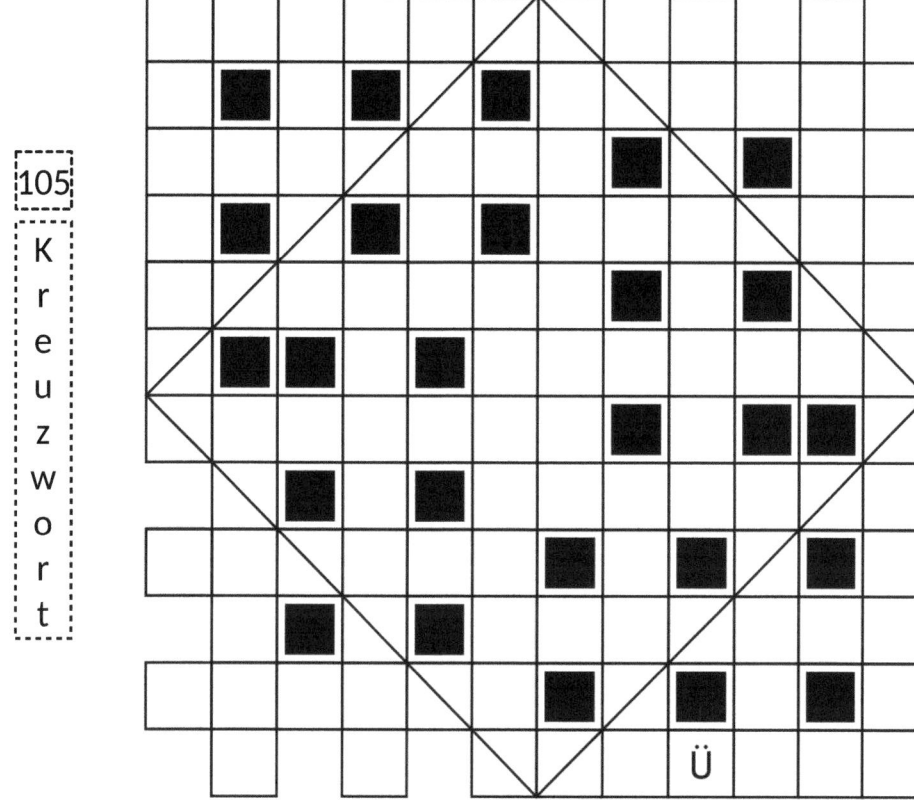

in Reihen (⇨):

- Angehöriger der radikalsten Partei in der Französischen Revolution
- Meeresbucht im Mündungsdelta der Ems
- BFC … 1888 - ältester, noch bestehender deutscher Fußballverein
- Equipage - elegante …
- Ursprung, Abstammung
- Ergebnis
- Adlige (früher)
- Sumpfpflanze mit fadenförmigem Stängel und borstenförmigen Blättern
- ältestes Krankenhaus von Berlin
- großes Durcheinander
- einzige Oper von Ludwig van Beethoven (1805)
- gleichförmiger (Berufs)alltag (ugs.)

in Kolumnen (⇩):

- Retriever, Terrier und Cockerspaniels
- 3. Oktober - Tag der Deutschen …
- (indischer) Elefantenführer
- Zustand der Spannung, Uneinigkeit
- … in den Ohren haben = nichts hören wollen
- was? oder wer? (Interrogativpronomen)
- Mitarbeiter einer Zeitung; Schriftleiter
- zentraler Raum in einem Haus (römische Architektur)
- Bud Spencers Paraderolle in den 1970ern ("Sie nannten ihn …"; "… in Afrika")
- aus drei Teilen bestehende normative heilige Schrift des Judentums
- "location" für Filmschauspieler
- zeitweilige Arbeits- oder Einsatzgruppe (engl.)

---

106. Metagramm
Verdiente rote Karte

*Erst Blutgrätsche zwischen die _ _ _ _ _
und dann ein Tritt. Voll auf die _ _ _ _ _.*

---

107. Metagramm
1:7 - Eine richtige Klatsche

*Kein schönes _ _ _ _ _ _ _ _
bei diesem _ _ g _ _ _ _ _.*

---

108. Kreuzwort

waagrecht (in Reihen ⇨):

- □ GB als Einheit der Datenspeicherkapazität
- □ Da ist der ... der Vater des Gedankens
- □ ernstes Schauspiel mit großen Spannungen (z.B. Schillers "Wilhelm Tell")
- □ elektrisches Schneidewerkzeug
- □ schmaler Teppich oder Schachfigur
- □ abgelegte Fischeier
- □ Wasser-, Talsperre
- □ Tagesordnung; Strukturierung einer Sitzung
- □ Luke oder Abkehr
- □ Chris, Thor-Darsteller des Marvel Cinematic Universe
- □ kleinkörnige Getreideart
- □ Inselgruppe im Atlantik
- □ Schwimmanlage im Freien
- □ Sachverzeichnis, Stichwortliste
- □ Religion der Schrift
- □ Wiederkäuer aus den Anden
- □ Brutto-...-Rechner (Gehaltsrechner)
- □ Hauptstadt Indiens
- □ falscher Gedankengang
- □ nordeuropäisches Land mit Vulkanen und Geysiren
- □ leicht aufbrausender, zankender Mensch
- □ Waldgiraffe
- □ Kronos oder Koios in der griech. Mythologie (seltenere Schreibweise)
- □ Hauptnahrungsmittel für Menschen und Haustiere
- □ sich in die ... des Löwen wagen (ugs.)
- □ Modell einer (möglichen) Ereignisabfolge
- □ äußerer Beweggrund
- □ die ... in die Hand nehmen (ugs.) = sich beeilen
- □ lautloses Gleiten durch die Luft eines Uhus
- □ chinesisches Segelschiff mit flachem Schiffsrumpf und rechteckigen Segeln
- □ ... Berg (Sängerin) oder ... Bocelli (Sänger)
- □ horntragende Nutztiere der Landwirtschaft
- □ Teigwaren in der italienischen Küche
- □ Tessiner Weinschenke
- □ Paul-Ehrlich-... (PEI)
- □ ... kleben (ugs.) = im Gefängnis sitzen
- □ Niederschlag oder Kokain
- □ Schwester des Vaters mit viel Geld

senkrecht (in Kolumnen ⇩)

- □ Strauchwerk, Dickicht
- □ Freund (aus Spanien)
- □ Auspuffemission
- □ gefallsüchtig, eingebildet
- □ undeutlich und sehr kehlig singen (ugs.)
- □ Der ... von Saint Tropez, Paraderolle von Louis de Funès
- □ Schneesturm in Nordrussland und Sibirien
- □ Maßeinteilung (an Messgeräten)
- □ Leiterin einer Kreisverwaltung
- □ Carl von (1799-1854), Arzt aus Merseburg, beschrieb 1840 erstmals die nach ihm benannte Schilddrüsenerkrankung
- □ Entwicklung eines jeden Organismus durch aufeinanderfolgende Neubildungen
- □ legendärer Italowestern (1966) mit Franco Nero (und Maschinengewehr im Sarg)
- □ Truman, Autor des Kurzromans "Frühstück bei Tiffany" (1958)
- □ afrikanischer Kropfstorch
- □ Schund, Ramsch (engl.)
- □ Selbstlosigkeit (gehoben)
- □ Heranführer in der Oberschenkelmuskulatur
- □ Erlös in einem Zeitraum
- □ A Whiter ... of Pale, erfolgreichster Hit der britischen Band Procol Harum
- □ ... und Trinken hält Leib und Seele zusammen
- □ Zahnfäule
- □ Jucken in der Nase
- □ Moskau - Russland, Kiew - ?
- □ immer gleicher, eintöniger Ablauf
- □ solch, von solcher Art
- □ größter Fisch der Gegenwart
- □ Kommet, ihr ... (Weihnachtslied)
- □ Das ... der falschen Braut, François Truffauts Amour fou mit Catherine Deneuve und Jean-Paul Belmondo
- □ Nacktheit, Blöße (bildungssprachlich)
- □ Wiederanfang, grundlegende Veränderung
- □ Staffelung von Löhnen und Gehältern
- □ großes Aufsehen (ugs.)
- □ Holzmodell zur Schuhherstellung
- □ Nachtisch, -speise
- □ kleinste Republik der Erde
- □ hipp, hipp, ...
- □ **alt**er Musikhit
- □ dauerndes Aufwiegeln

Puzzle grid (■ = filled cell; letters as shown):

						■		■					
	■	■		■	■					■	■	■	
				Ä		■		■		Ä			
Ü	■	■		■	■					■	■	■	
						■		■					
	■	■		■							■		■
							■		■				
■		■		■	■		■				■		■
							■		■				
■		■		■						■	■		■
					■		■		■	■			
	■		■	■						■		■	
				■		■		■					
	■		■							■	■		■
■		■	■		■					■		■	■
	Ö			■		■							
■		■					■		■	■		■	■
				■		■							
■		■							■		■		■
				■		■							
	■	■	Ä	■				■	■		■		■
				■		■							
	■	■		■		Ü		■	■	Ä	■		■
				■		■							

61

Hier werden zwei- bis vierstellige Zahlen gesucht (jetzt schlägt's aber ...! > 13).

in Reihen:

G Polizeiruf ..., Krimireihe (seit 1971) * Beginn der islamischen Zeitrechnung (Jahr, nach christlicher Zeitrechnung)

H ... Luftballons, Popsong (1983) * Bayer ... Leverkusen oder FC Schalke ..., Fußballvereine * Studio ..., legendärer Nachtclub in New York

I Nur ... Stunden, Actionkomödie (1982) mit Nolte & Murphy * Miroslav Klose, erfolgreichster Torschütze der deutschen Nationalmannschaft mit ... Treffern (oder Atomzahl von Lutetium) * Frontal ..., investigatives ZDF-Politmagazin

J ... - Die Eroberung des Paradieses, Historienfilm von Ridley Scott (1992) * Stars and Stripes - 7 rote + 6 weiße Streifen und ... weiße Sterne

K Kriegsfilm von Sam Mendes (2019) * Reise um die Erde in ... Tagen, Roman von Jules Verne (1873)

L Fahrenheit ..., dystopischer Roman von Ray Bradbury (1953) * ... bis 1492, maurische Herrschaft auf der Iberischen Halbinsel

in Kolumnen:

A ... - Wo bitte geht's nach Hollywood, Komödie von Steven Spielberg (1979) * ein Gesicht machen wie ... Tage Regenwetter (Redewendung)

B dystopischer Roman von George Orwell (1949) * Martin Luthers ... Thesen (1517)

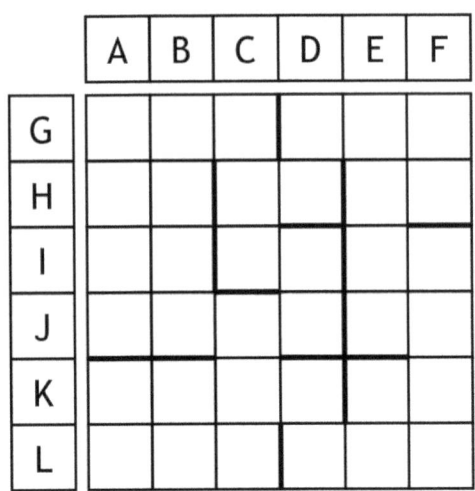

C Agent ... alias James Bond * Porsche ..., Inbegriff dieser Marke

D Backgammonbrett - 24 Dreiecke, Schachbrett - ... Felder * Die "... Arbeiten" des Herakles (Mythologie) * Charta ..., Bürgerrechtsbewegung in der Tschechoslowakei

E In the Year ..., Folk-Rock-Hit aus dem Jahr 1969 * A - 9 Länder, TR - ... Provinzen (oder neun hoch zwei)

F ... Stunden am Tag, 7 Tage die Woche (rund um die Uhr) * Märchen aus ... Nacht (mit Scheherazade)

im Uhrzeigersinn (↻):

1 ... Sandrelli (Schauspielerin)
2 ... DiCaprio (Schauspieler)
3 ... Nightingale (Krankenschwester)
4 ... Link (Filmregisseurin)
5 ... Rösch und seine Böhmischen Freunde (Blaskapelle)
6 Edmond Dantès' Liebe oder ...-Benz (Automarke)
7 "Vicky ... Barcelona" (Filmkomödie)
8 ... Bardot oder ... Horney (Schauspielerinnen)
9 ... Mathieu (Sängerin)
10 ... Huppert oder ... Adjani (Schauspielerinnen)

110. Vornamen

in alphabetischer Reihenfolge:

waagrecht ● | senkrecht ○

- ● erstes Mordopfer (AT)
- ○ Überfall, Attentat
- ● Vorname des Malers Feuerbach (1829-80)
- ○ Kündigung einer Mitgliedschaft
- ○ (junger) Kabeljau
- ○ Komposition für zwei Singstimmen
- ● **Ostge**rmane aus der Zeit der Völkerwanderung
- ● Wettlaufgegner des Igels (im Märchen)
- ○ keinen ... aus etw. machen = etw. nicht verbergen
- ○ ostsibirische, robuste Pferderasse
- ○ Grüße und ... (Bussis)
- ● drastisches Mittel gegen Silbervogel im Anflug
- ○ kleines Operationsmesser
- ○ leichte Brise
- ○ Nebelmonat
- ○ "komplexbeladene" Gestalt der griechischen Mythologie
- ○ "**...**! ... I Did It Again", Song von Britney Spears
- ○ Atlantik oder Pazifik
- ○ radioaktives Schwermetall
- ○ innerparteilicher Widersacher eines Fundis
- ● domestizierte Hirschart
- ● Mickey, US-Filmstar ("The Wrestler")
- ● Volker, dt. Filmregisseur ("Die Blechtrommel", 1979)
- ○ rücksichtsvolle, nachsichtige Behandlung
- ● jmdn. im ... lassen = jmdm. nicht helfen
- ● Streit; Ärger (ugs.)
- ● "..., wir fahr'n nach Lodz", Schlager von 1974
- ○ "Die ... Show", Mediensatire mit Jim Carrey
- ○ aktualisierte Software
- ● Pechblende
- ○ Teilprüfung an der Uni

Anfangsbuchstaben der Fernsehsendungen: **AJ**, **HX**, **T**

111 | 3 Nachrichtensendungen des ÖRR

112. Tautogramm-Figur

Alle Wörter beginnen mit demselben Buchstaben

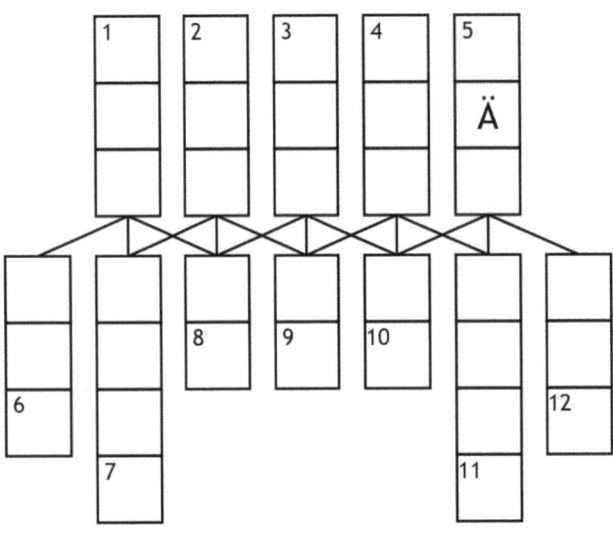

1-6 Ruder oder Lenkrad
1-7 elektrische Anschlussvorrichtung
1-8 ... von Bethlehem - himmlisches Zeichen
2-7 Aufkleber
2-8 die ... haben = die Dreistigkeit besitzen
2-9 "Sie nannten ihn ..." - Actionfilm (1985) von und mit Burt Reynolds (oder USB-...)
3-8 Stachel am Reitstiefel
3-9 Commander ... - Leonard Nimoys bekannteste Rolle
3-10 Keimzelle der Farne
4-9 über ... und Stein = über alle Hindernisse hinweg
4-10 App ... - digitale Vertriebsplattform für Anwendungssoftware
4-11 etwas anheizen, total ausreizen (regional) oder Anagramm von "Schoten"
5-10 NaOH - Base, HCl - ?
5-11 Schwein - Schweinchen, Sau - ?
5-12 "Die ... der Erde" - historischer Roman (1989) von Ken Follett

---

113. Basic English

im Uhrzeigersinn (↻):

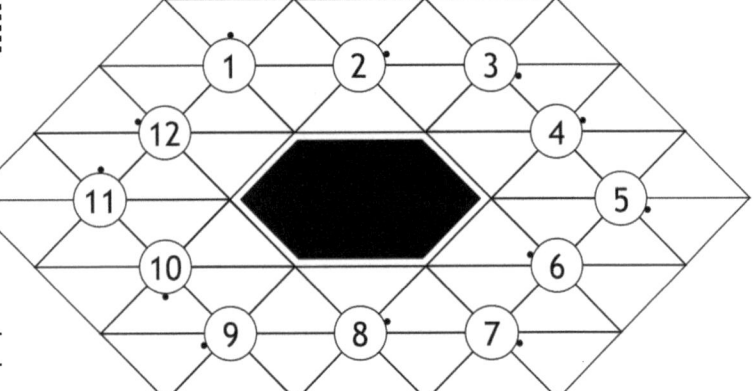

1 "Stairway to ...", Rock-Ballade (1971) von Led Zeppelin
2 ... Railways, Eisenbahngesellschaft mit Sitz in Tel Aviv-Jaffa
3 "A Streetcar Named ...", Drama (1947) von Tennessee Williams
4 ... beef, "gepökeltes Rindfleisch" aus der Dose
5 "War on ..." - politisches Schlagwort von George W. Bush (nach 9/11)
6 "Every ... You Take", Song (1983) der Band The Police
7 ... in the Act, Boygroup der 90er Jahre

8 ... pleasure = Film oder Serie als "Vergnügen mit Gewissensbissen"
9 "With a ... Help from My Friends", erster großer Hit von Joe Cocker (und Coverversion eines Beatles-Songs)

10 "Deep ...", Katastrophenfilm mit Morgan Freeman als US-Präsident
11 "Lethal ...", vierteilige Kinoreihe mit Gibson und Glover
12 **Rezension** in "The New York ... of Books" (Zeitschrift)

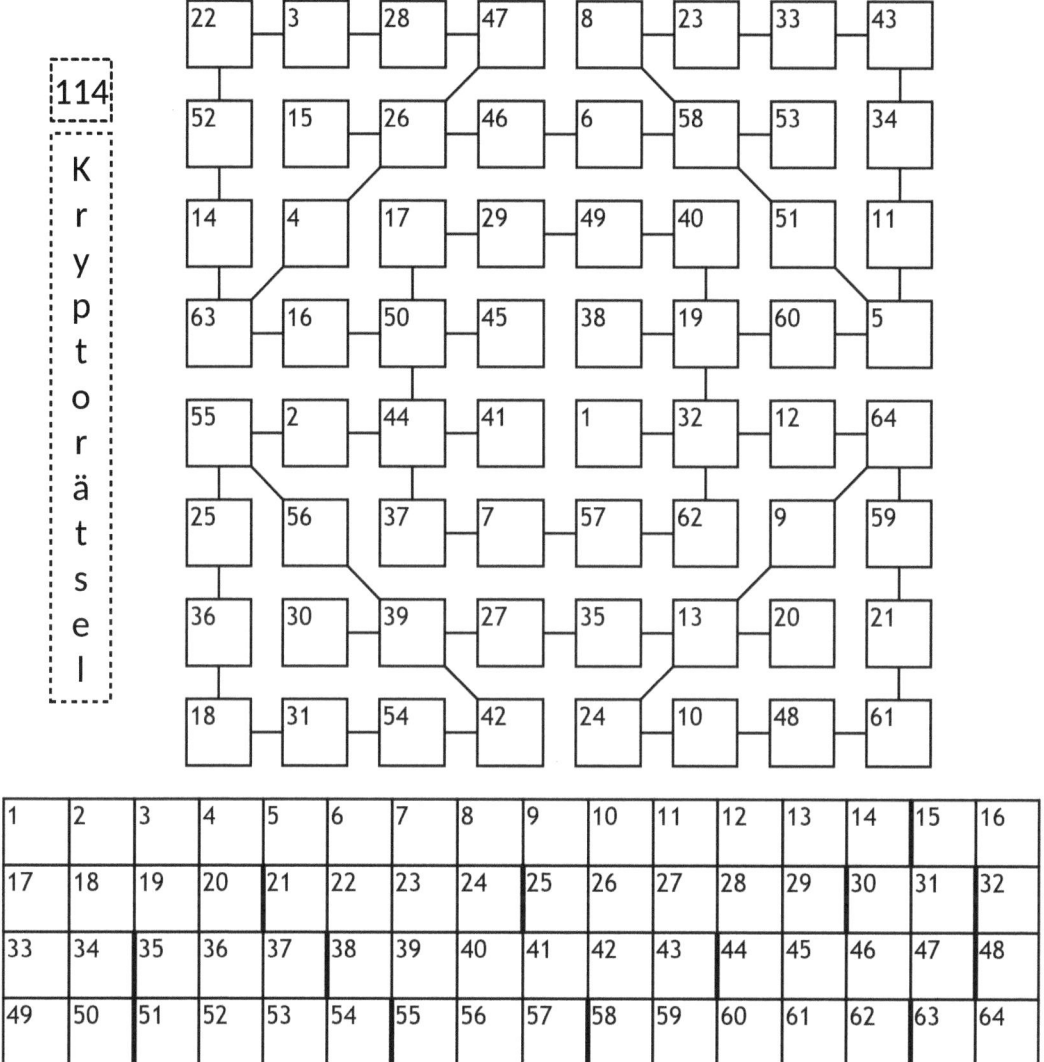

114

Kryptorätsel

1	2	3	4	5	6	7	8	9	10	11	12	13	14	15	16
17	18	19	20	21	22	23	24	25	26	27	28	29	30	31	32
33	34	35	36	37	38	39	40	41	42	43	44	45	46	47	48
49	50	51	52	53	54	55	56	57	58	59	60	61	62	63	64

Gesucht wird ein Spruch von Romain Gary.

⇨
22 echt; nicht erfunden
 8 Ackergrenze
15 Gewicht feststellen
17 Redeweise, Schreibart
63 Langfinger, Stehler
38 "Wild Wild ..." - Film (1999) von Barry Sonnenfeld
55 Bürgschaft, insbesondere für einen Wechsel

1 ... Nielsen - dänischer Stummfilmstar
37 Zwerg ... (Märchengestalt)
30 "Fünf ... im Ballon" - Roman (1863) von Jules Verne
18 abgestochenes Stück Rasen
24 Handrücken
⇩
22 Föhn oder Höllentäler
55 Gewürz- und Heilpflanze mit kleinen weißen Doldenblüten
17 ... Connery - Filmstar aus Schottland

40 Ernte der Weintrauben
43 Horst oder Kaff
64 "Der ... von Stalingrad" - Roman von Heinz G. Konsalik
↘
8 Überbleibsel; Übriggebliebenes
55 Echte ... (... vera) - populäre Wellness- und Gesundheitspflanze
↗
47 wiederkäuendes Nutztier
64 zur ... lassen = schröpfen

1	10	9	5	6	2
8	3	7	11		4

unsere Bundesländer

1	2	3	4	5	6	7	8	9	10	11

---

116. Fußballer des Jahres

A	9	17	11	12	24	7
B	14		20	3	8	
C	21	1	25	15	22	4
D	16	2	23		10	5
E	18	13	26	6	19	

	1	2	3	4	5
6	7	8	9	10	11	12
13	14	15	16	17	18	19
20	21	22	23	24	25	26

Gesucht werden die besten Fußballspieler in Deutschland (Vor- und Nachname) der Jahre 2019 und 2020

A Babywickeltuch
B erhebliches Aufsehen
C Robinson ... - Romanheld von Daniel Defoe
D Der Schwarze ... - Romanheld von Emilio Salgari
E größte Stadt der Herzegowina

117. Rätsel mit Druckfehler

In jeder Defintion wurde ein Buchstabe vertauscht (großer Kerl > grober Kerl = Flegel). Lösungswort entlang der markierten Linie.

1 Dichterruss
2 arktisches Tief
3 Abschrift
4 ballonartiger Anbau
5 Pflegeprodukt für die Paare
6 Häusler, Besitzer einer Kaue

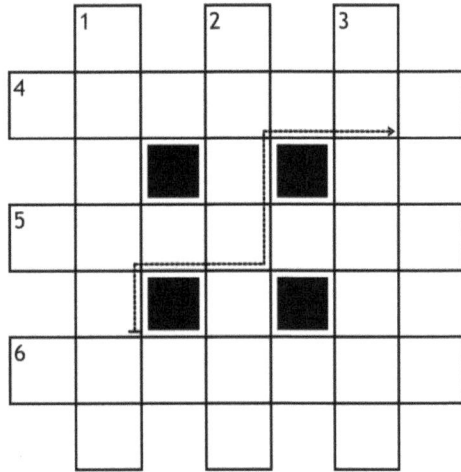

unsere Bundesländer

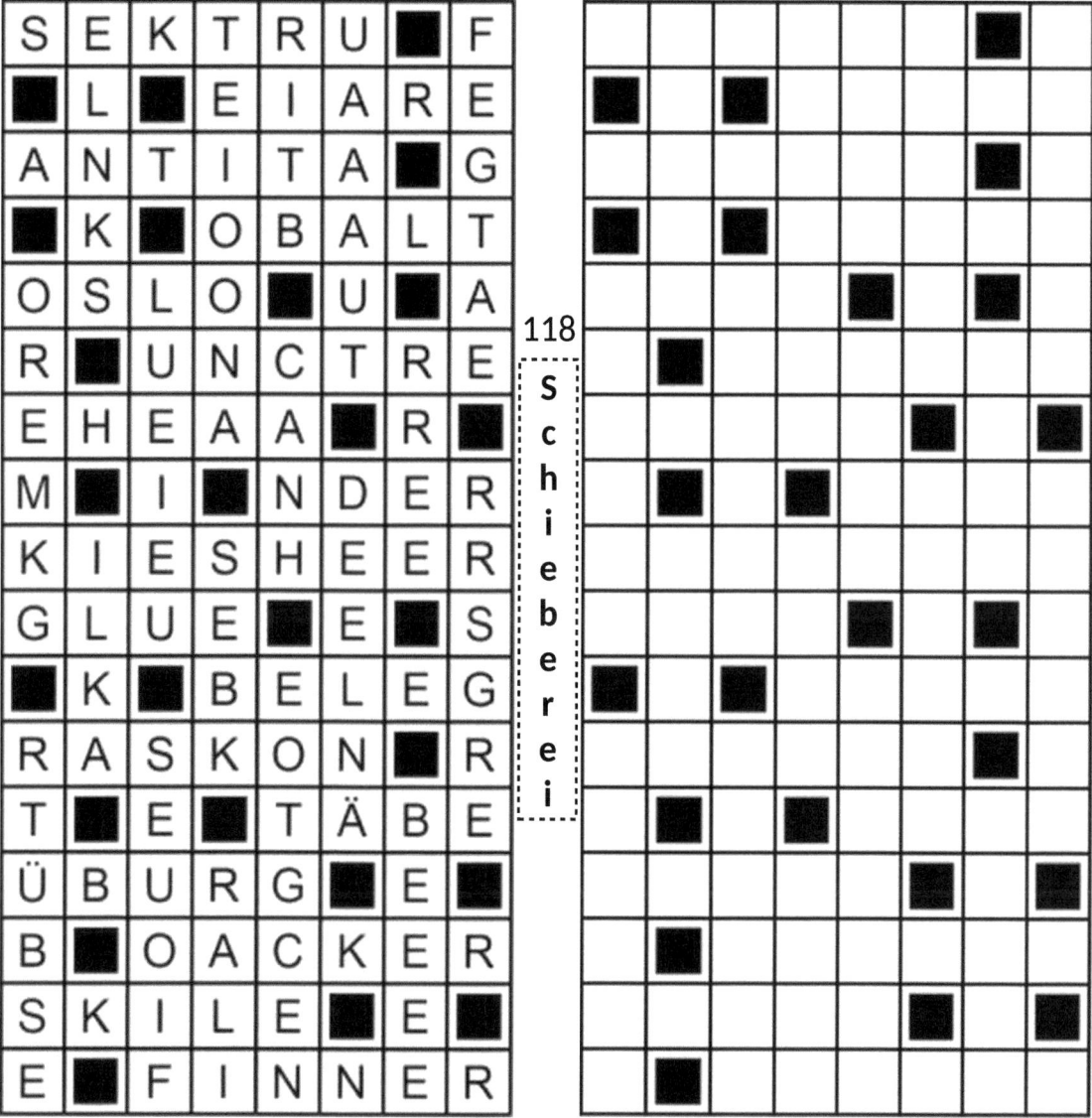

118 Schieberei

Die Buchstaben in den waagerechten Reihen sind so in das rechte Diagramm zu verschieben, dass ein korrektes, aus Substantiven (darunter ein Luftgeist, ein Frauenname und ein Männername) bestehendes Kreuzworträtsel entsteht.

---

119. Kürzer

Unsere Bundesländer

Verkehrsmeldung für Norddeutschland

*Achtung! Auf der A1
zwischen Hamburg und _ _ _ _ _ _
fährt ein Amokfahrer:
volle Pulle, kein _ _ _ _ _ _ _.*

120. Runde für Durstige

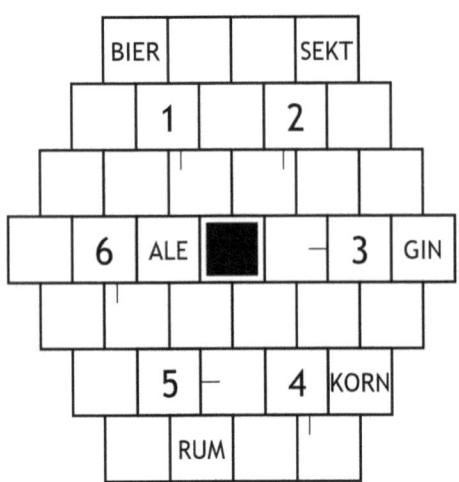

im Uhrzeigersinn (↻):

1 Prüfer im Bergbau
2 "Sezierer" einer anatomischen Anstalt
3 echtes Exemplar
4 Chalazion oder Eisstückchen vom Himmel
5 fernes Gewitterdonnern
6 Anhängerin der FDP

121. **Bi**literal

In jedes Kästchen werden zwei Buchstaben eingetragen

1 ⇨ vom Essen Übriggebliebenes ⇩ ARD-Sendung mit Berichten aus der Fußball-Bundesliga
2 Kultur und Kunst des 18. Jahrhunderts in Italien
3 Geldhilfe für Studenten
4 "Česká republika" in deutscher Kurzform
5 Hörsaal (lat.)

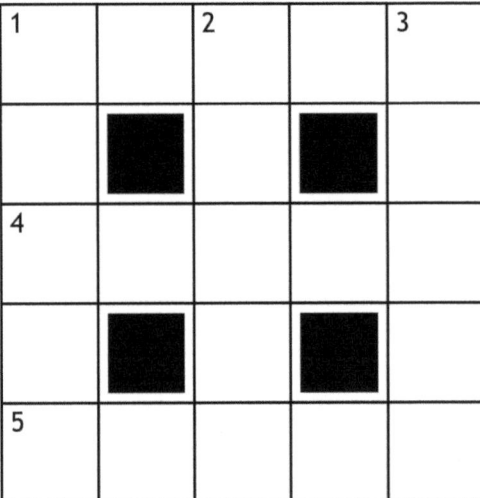

122. Magisches Quadrat

waagrecht + senkrecht:

1 Staat im Staat (San Marino → Italien)
2 etwas in Worte ... = etw. sprachlich ausdrücken
3 "... Susewind", Kinderbuch-Reihe von Tanya Stewner
4 Zwischenstecker
5 Lagunenstadt mit Markusplatz und Rialtobrücke
6 (treibende) Kraft, Power

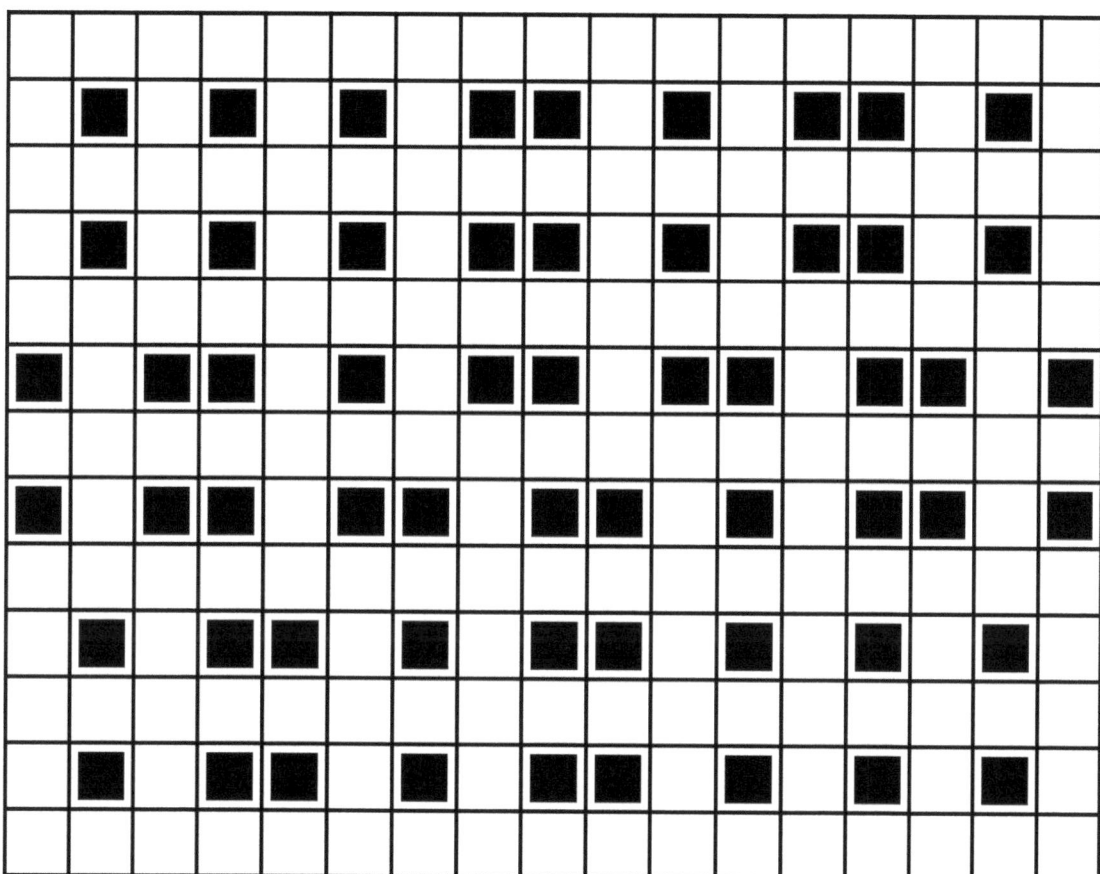

in Reihen (⇨):

- ☐ Workshop zum Erstellen von kreativen Texten
- ☐ "Nana" (1880) oder "Germinal" (1885) (5,3,5,4)
- ☐ Odin oder Loki (9,8)
- ☐ Meerenge zwischen Kalabrien und Sizilien (7,3,7)
- ☐ innerer Kompass der Menschen und Tiere
- ☐ Verkehrsanlage mit mehreren Busstopps
- ☐ Sportlerin mit dem besten Ergebnis unseres Kontinents

in Kolumnen (⇩):

- ☐ chemischer Kampfstoff
- ☐ kastriertes männliches Hausrind
- ☐ Wassermarder oder Viper

123. Kreuzwort

- ☐ ... ist, wenn man trotzdem lacht
- ☐ rechter Nebenfluss der Donau
- ☐ ein gebrochenes Bein starr verbinden
- ☐ Oper (1900) von Giacomo Puccini
- ☐ Schmuckstück zum Anstecken
- ☐ Polygamie

- ☐ Stadt im Landkreis Ahrweiler
- ☐ Maschinenaufbauer
- ☐ Speise der kalten Küche
- ☐ Fußballpartie in der Vorbereitungszeit
- ☐ bildlicher Ausdruck
- ☐ Maria, erfolgreichste Rennrodlerin der 1950er-Jahre
- ☐ Antonym von außen
- ☐ genau, präzise
- ☐ Kunstfaser für Strümpfe

124. Metagramme + Homonym

Rot beim Abendbrot

M1   *"Heut' Abend kommt _ _ _ _ _*
M1   *auf den _ _ _ _ _."*
H   *"Ich ess' keinen _ _ _ _ _ _!"*
H=M2   *Darauf Mutti _ _ _ _ _ _:*
M2   *"Ins Bett! _ _ _ _ _ _!*

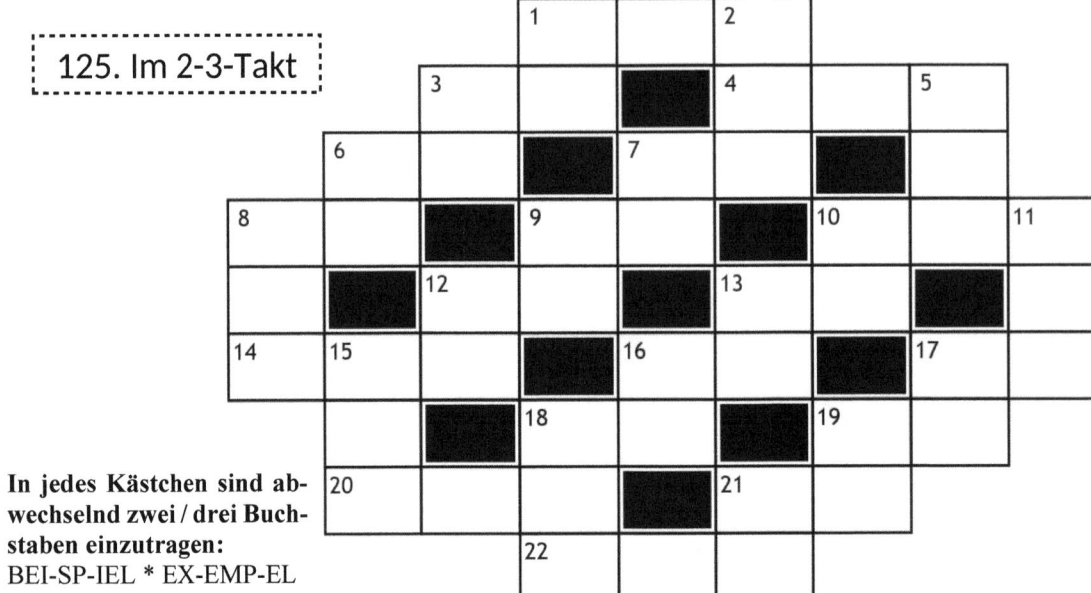

In jedes Kästchen sind ab-
wechselnd zwei / drei Buchstaben einzutragen:
BEI-SP-IEL * EX-EMP-EL

waagrecht * senkrecht:

1 sinnliche, sexuelle Begierde *
beglückender Genuss
2 Vorrichtung zum Anschluss
eines Geräts an das Stromnetz
3 rechteckige, zahnförmige Za-
cke (auf einer Mauer) * wörtlich angeführte Belegstelle
4 Essplatz in einer Nische
5 einfach und unauffällig oder
… und ergreifend (ugs.)
6 Verbrechen; Frevel * Vereinigung, Bündnis
7 Sportgerät zum Werfen *
Schweinefettpolster

8 Guckloch in der Wohnungstür
* Deutsche Akademie für …
und Dichtung in Darmstadt
9 Zug von Menschen, Flüchten-
den * franz. Spielkartenfarbe,
Kleeblatt
10 unscheinbarer Vogel auf Wie-
sen, Feldern * zwischen Jungfrau und Skorpion
11 Tier aus dem Porzellanladen
12 Täuschung(smanöver) (engl.)
* Rhythm and … (Musikstil)
13 Krankenliege * flüssige La-
bung
14 Stiefvater von Salome

15 Sportlerin im Schlitten
16 Pracht(entfaltung); Gepränge
* als Seebeute weggenom-
menes feindliches Schiff
17 Gesichtsfarbe, Hauttönung *
Tümpel oder Weiher
18 nur schwach hörbar * großer
Geist, kluger Kopf (ugs.)
19 einen (leichten) … haben (salopp) = verrückt sein * sprach-
los; geräuschlos
20 Schulartikel (mit Löchern)
21 Schnitt (in Ballspielen) * innerer (An)trieb
22 Division in der Mathematik

•H	A	L	•K	S	E	H	C	I
N								E
O				•				Z
H								N
•G	R	A	M	A	•K	A	M	A

Unsere Bundesländer

**Der Anfangbuchstabe jeden gesuchten Be-
griffes ist mit einem schwarzen Punkt markiert.**

in alphabetischer Reihenfolge:

• Deutsche ... - ältestes Klassiklabel der Welt
• drittgrößte Stadt im deutschen Sprachraum
• Bildgestalter beim Film
• Maler ... - letzte Bildergeschichte von Wil-
helm Busch
• Omen

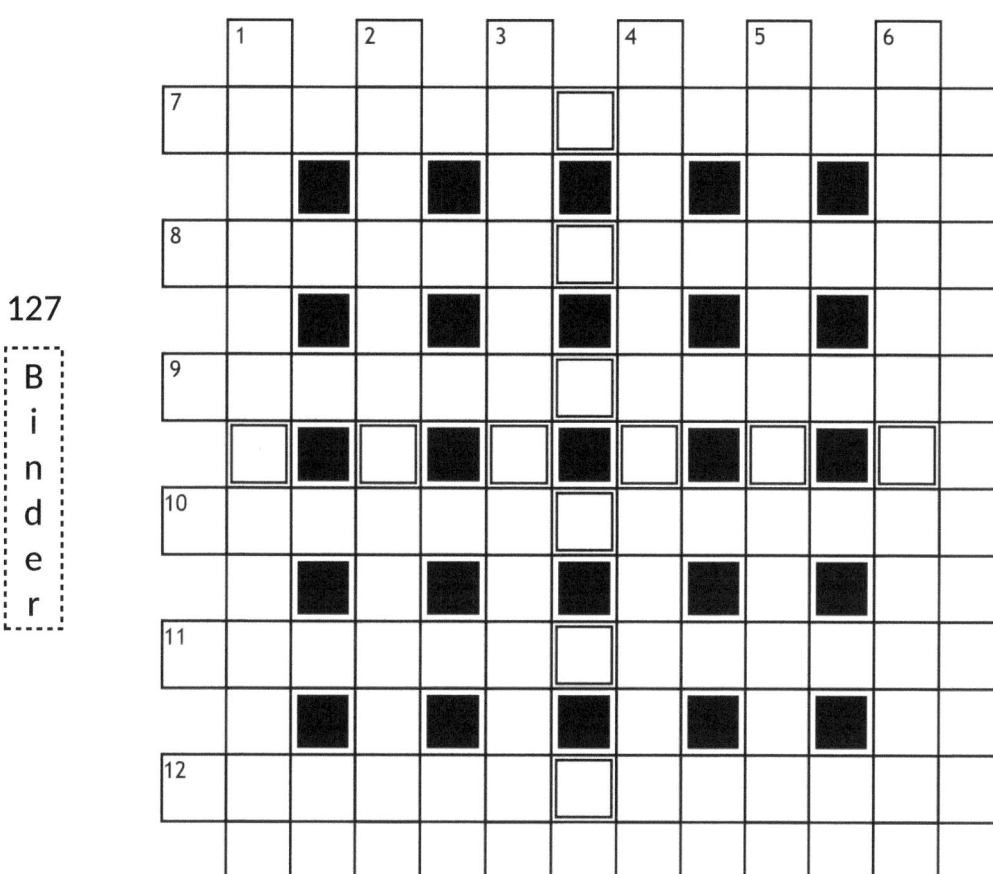

127

B
i
n
d
e
r

Der letzte Buchstabe des ersten Wortes ist gleichzeitig der Anfangsbuchstabe des zweiten Begriffes (Quadrat im Quadrat).

Definitionen:

1 Mann Gottes mit Mitra * Schützling von Robinson Crusoe
2 gefärbtes gekochtes Hühnerprodukt * Bienenzucht
3 Waffe einer Biene * Hafenstadt an der Seinemündung
4 schmales Beet * Widerspruch
5 Handwerksbursche nach beendeter Lehrzeit * Preiszettel
6 Prahler, Aufschneider * russische Zarendynastie (1613-1762)
7 Teilnehmergebühr bei Wetten * Tochter eines russischen Herrschers
8 islamischer Ehrentitel * Zänker
9 kleine Lüge, Schummelei * südeuropäisches Urlaubsziel vieler Deutschen
10 wertloses Zeug, Plunder * Fahrstuhlbediener
11 Schriftsteller * (wissenschaftliche) Abhandlung
12 Ruderkriegsschiff * Ausgabe eines Buches

---

128. Anagramm

Unsere Bundesländer

Japanische Touristen auf Schloss Neuschwanstein

"Wir bezahlen _ _ _ ."/" _ _ _? Gott behüte!
Hier in _ _ _ _ _ _ - kommt nicht in die Tüte!"

129. Kreuzgitter

in alphabetischer Reihenfolge:

- (mehrere) Europäer aus Turku
- Vertreterin eines Landes in einem anderen Land mit eingeschränkten diplomatischen Funktionen
- ausdrucksloser, glotzender Glubscher (salopp) oder Sehorgan eines heiligen Tieres in Indien
- Tallinn - Estin, Riga - ?
- Busch-, Haumesser
- Australien - Aborigine, Neuseeland - ?
- Turnmannschaften
- Stufen- oder Tonleiter
- Zahlentafeln mit Rubriken
- aus Blattgallen von Pflanzen gewonnene Gerbsäure
- gurrendes Friedenssymbol

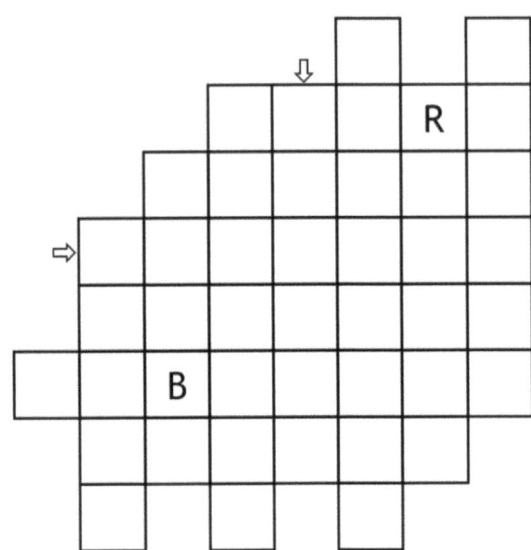

Definitionen (in alphabet. Reihenfolge):

- Essgeräte für eine Person
- Fabrik, größere Werkstatt, Geschäft
- mitmachen, durchmachen
- Zustand der Eintracht, der Harmonie
- Er geht über ... = (fig.) er ist vollkommen rücksichtslos
- Film mit Cowboys und Indianern.

130

A
l
l
e
s

i
m

F
l
u
s
s

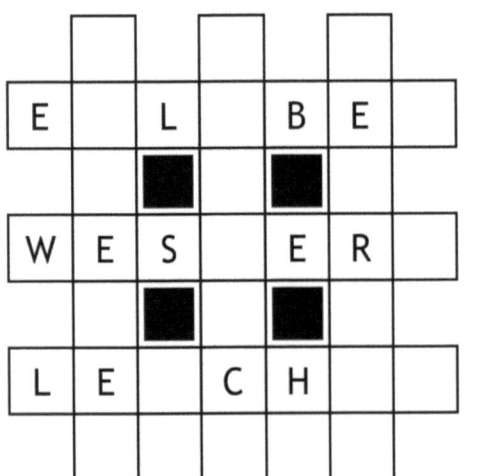

131. KoNSTRuKT

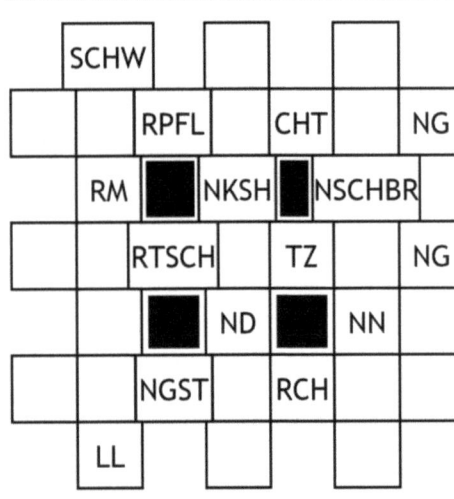

Die leeren Felder sind mit unten stehenden Buchstaben zu füllen, so dass ein korrektes, aus Substantiven bestehendes Rätsel entsteht.

A-Ä-E-E-E-F-G-I
L-N-R-T-U-U-V-W-W

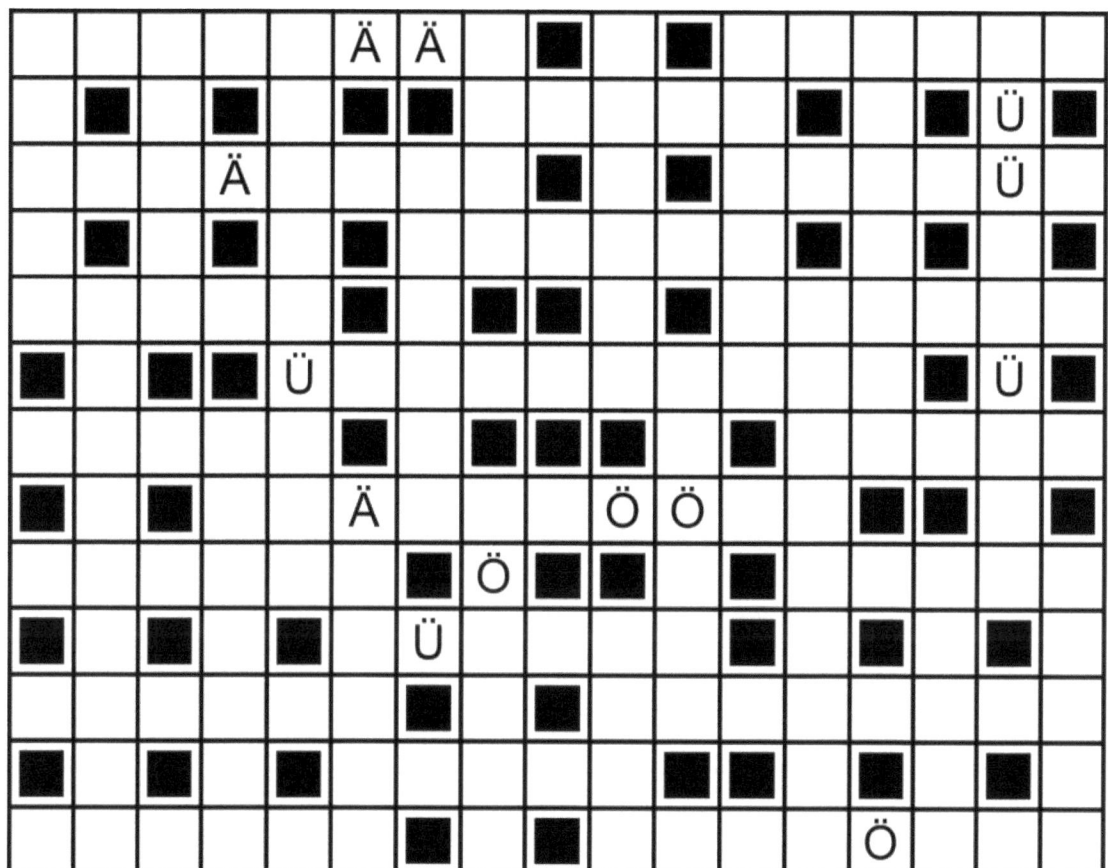

in alphabetischer Reihenfolge
■ waagrecht | □ senkrecht | ○
mit Umlaut(en):
○ Entlassschüler; Absolvent
□ Fehlgeburt (lat.)
■ zwischen Tür und ...
■ ... Jolie, US-Filmstar
□ Beginn eines Dienstes
○ trichterförmige Flussmündung
○ erfolgreiche Mundart-Musikgruppe aus Köln
■ Birdie, ..., Albatros (Golf)
□ Schlittschuhlaufen mit Handsegel
■ tropisches Baumharz
□ Schmelzüberzug wie elektronische Post
□ im Ganzen, in Bausch und Bogen (franz.)

○ scharfe Käsespezialität aus der Schweiz
■ heiße Quelle auf Island

┌─────────────────────────────┐
│   **132. Kreuzgitter**   │
└─────────────────────────────┘

■ menschliche Tonfigur der jüdischen Sage
□ Verstand (ugs.)
□ Körperteil für den Schlips
□ Gemahlin des Zeus
■ David Bowies Song (1977) über die Berliner Mauer
■ ... Hill (US-Schauspieler) oder ... Hex (Antihelden-Western)
□ Ton(färbung)
○ Filmkomödie (2011) von und mit Til Schweiger
○ Tal der ..., touristische Attraktion in Ägypten

○ kurzbeinige Froschlurche
□ Sportgerät von Christina Schwanitz oder David Storl
■ schmale Latte aus Holz
■ Honig der Blattläuse
■ bloß; unbekleidet
○ zusätzlicher Ausgang bei Gefahr
□ Gebirgsbildung
○ dummfrecher Bursche
■ Sirene mit massigem Körper
□ alleinstehender Mensch
■ (tiefe) Fußspur
■ Material oder Rauschgift
○ Kalkfarbe zum Streichen von Wänden
○ Alltäglichkeit, Gewohntsein
○ "riesiger" Gegner von Don Quijote

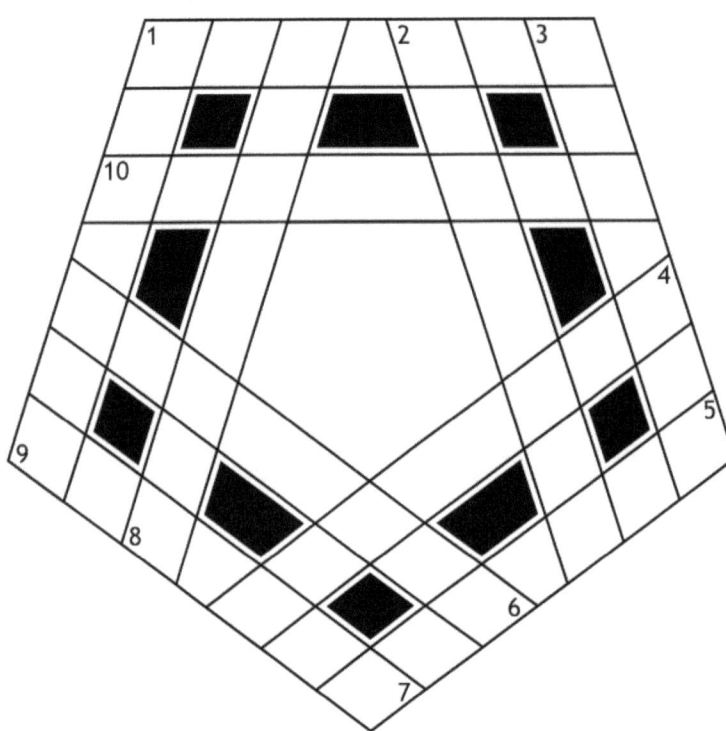

133. Pentagon

1 Tür, Tor, Portal, Pforte ⇨
2 Vivaldi oder Banderas ↘
3 das Jüngste ..., am Tag des Weltuntergangs ↘
4 Sean, Ur-Bond und Erz-Schotte ↙
5 Kinohit mit Dustin Hoffman in Frauenkleidern ↙
6 Dietmar Schönherr - Tiroler, Arnold Schwarzenegger - ? ↖
7 Land der Seligen in der griechischen Sage ↖
8 Aberwitz, völlige Unvernunft ↗
9 wunderliche Eigenheit ↗
10 Kurznachrichtendienst (zum Zwitschern) ⇨

1-3 "die ... auslöffeln, die man sich eingebrockt hat"
1-6 Halt, Pause, Unterbrechung
2-8 Dienststelle der Brief- und Paketzusteller
2-9 großer Wasservogel mit Kehlsack
3-7 ..., Wind and Fire (Band)
4-5 Schnaps aus Birnen oder Zwetschgen
4-11 Ohrenschmerz (Med.)
5-11 Bestleistungen aus dem Guinness-Buch
6-10 ... Pan, Junge im Nimmerland
7-12 Viele ... sind des Hasen Tod
8-9 weibliche Großkatze
10-12 Mannschaft von Turner[inne]n

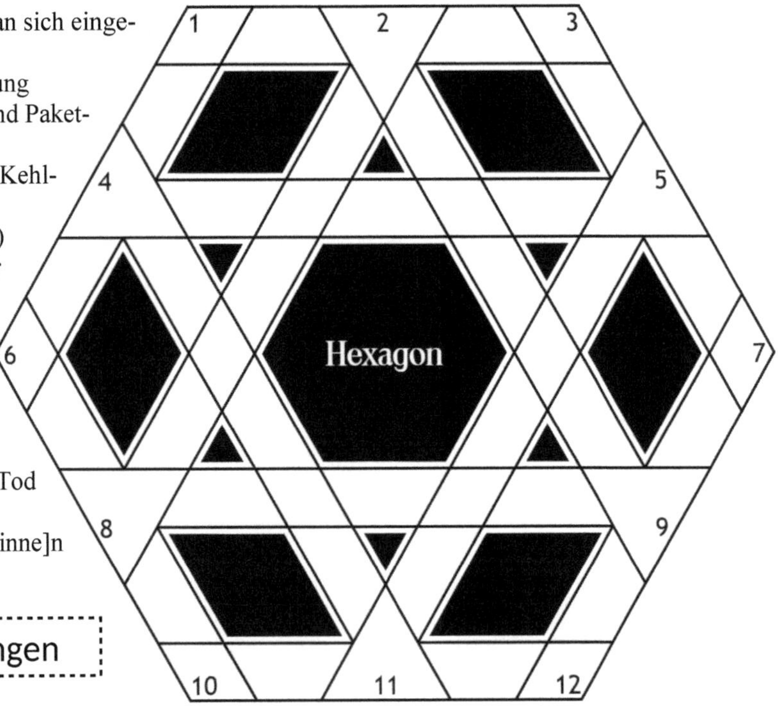

134. In drei Richtungen

74

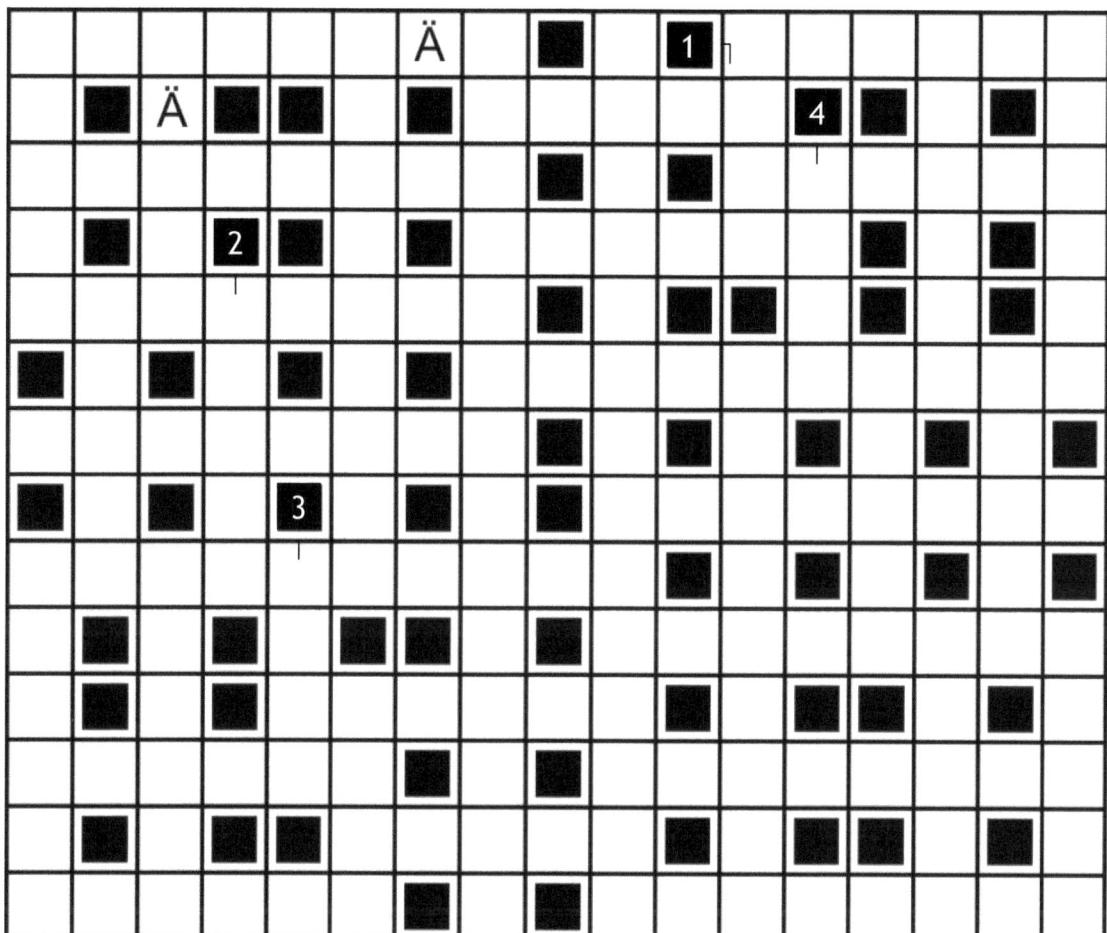

in alphabetischer Reihenfolge

● waagrecht | ○ senkrecht:

● Alphabet
○ Abschaum (veraltet)
● dirigiert die Defensive auf dem Spielfeld
○ Sachsen-..., Bundesland
● Hannah, jüdische Publizistin und Theoretikerin
○ Zirkuskünstler
○ Händlerviertel in orientalischen Städten
● Internetleitung zum "Plaudern"
○ Turku - Finnin, Odense - ?
● Paar - Doppelbett, Single - ?

● PC, Telefon oder Terminal
○ keramische Überzugsmasse
○ Haushalt(splan)
○ Sittlichkeit
● größte zusammenhängende Landmasse der Erde
○ internationale Organisation mit Sitz in Straßburg
● Entführung der ... - Auslöser des Trojanischen Krieges
● männliches Pferd
● Stadt mit Badestrand Waikiki
○ Roman (1920) von D. H. Lawrence (8,6)

135. Bremer Stadtmusikanten

● Hit (1964) von Gilbert Bécaud
● Bundesstaat mit Las Vegas
● Vorzeichen (Plural)
● Berichterstatter (Presse, TV)
○ großer Mensch, Hüne
○ erfahrener Praktiker, Fachmann
● Peter Paul ..., Barockmaler
● Billigung, Zustimmung
● Krimireihe mit Kommissaren Ballauf und Schenk
○ Überschrift; Schlagzeile
○ Schauspieltruppe auf Reisen
○ Hingabe, Loyalität
● Charivari oder Chatelaine
○ europäischer Bison

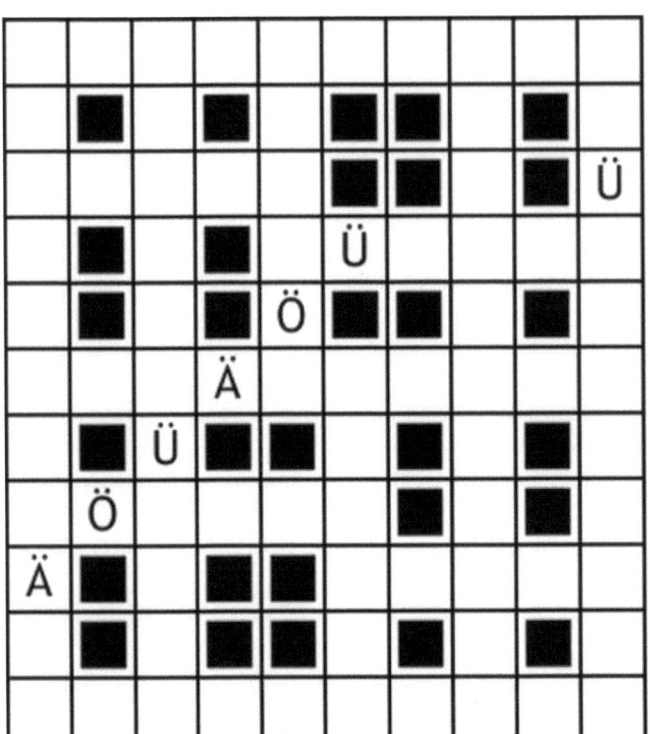

136. Kreuzgitter

in alphabetischer Reihenfolge
waagrecht (○) * senkrecht (●):

○ Souffleuse (süddt., österr.)
● Saisonarbeiter auf dem Mähdrescher
○ Buckel des Kamels
● Erdkruste + oberster Teil des Erd-mantels
○ begehr(enswer)ter, Glücksgefühle weckender Gegenstand
○ Nasenloch des Pferdes
● unheilvoll; bedenklich, zweifelhaft
○ schmerzlicher Verzicht
● Landeshauptstadt mit Ludwigskir-che als Wahrzeichen
● bunter Rock der Indonesierin
○ schmale Gässchen und ... in der Alt-stadt
● Erlangen - Bayern, Erfurt - ?
○ Rennpappe mit Zweitaktmotor (Kurzform)

---

unsere Bundesländer

Die Begriffe sind in die vorgezeigte Richtung einzutragen. In der mittleren Kolumne ergibt sich das erste Lösungswort. Zusatzlö-sung (modernes Wahrzeichen) in den Feldern 1 bis 15.

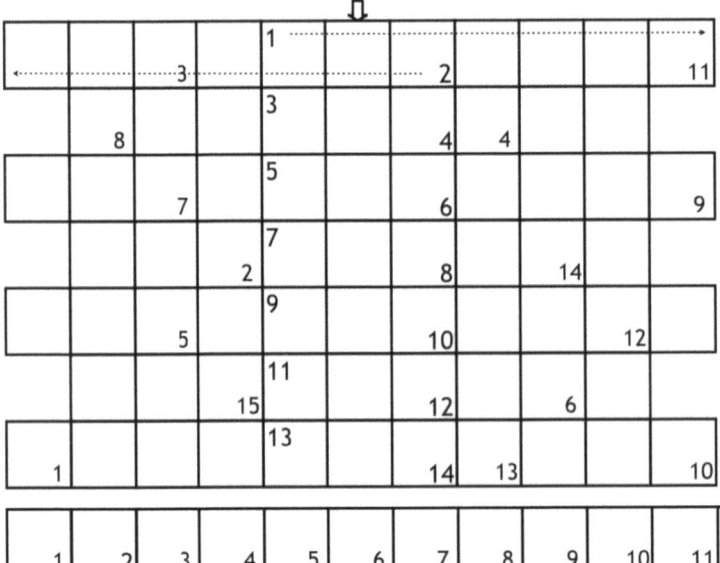

137. hin und her

1 eingängige Melodie
2 Raute als geometrische Figur
3 Wattebausch (zum Abtupfen)
4 nasse, schmierige Erde
5 USA = Vereinigte Staaten von ...
6 Schmelzüberzug auf Metallflä-chen
7 Hartgummi aus Kautschuk
8 Freund und Begleiter von Aste-rix
9 Caesars schicksalhafter Fluss
10 Teil eines mittelalterlichen Wehrbaus
11 "feiner Spott" des Schicksals
12 Abendland - Okzident, Mor-genland - ?
13 Kairo - Ägypter, Kampala - ?
14 "..., der Zorn Gottes" - Film von Werner Herzog

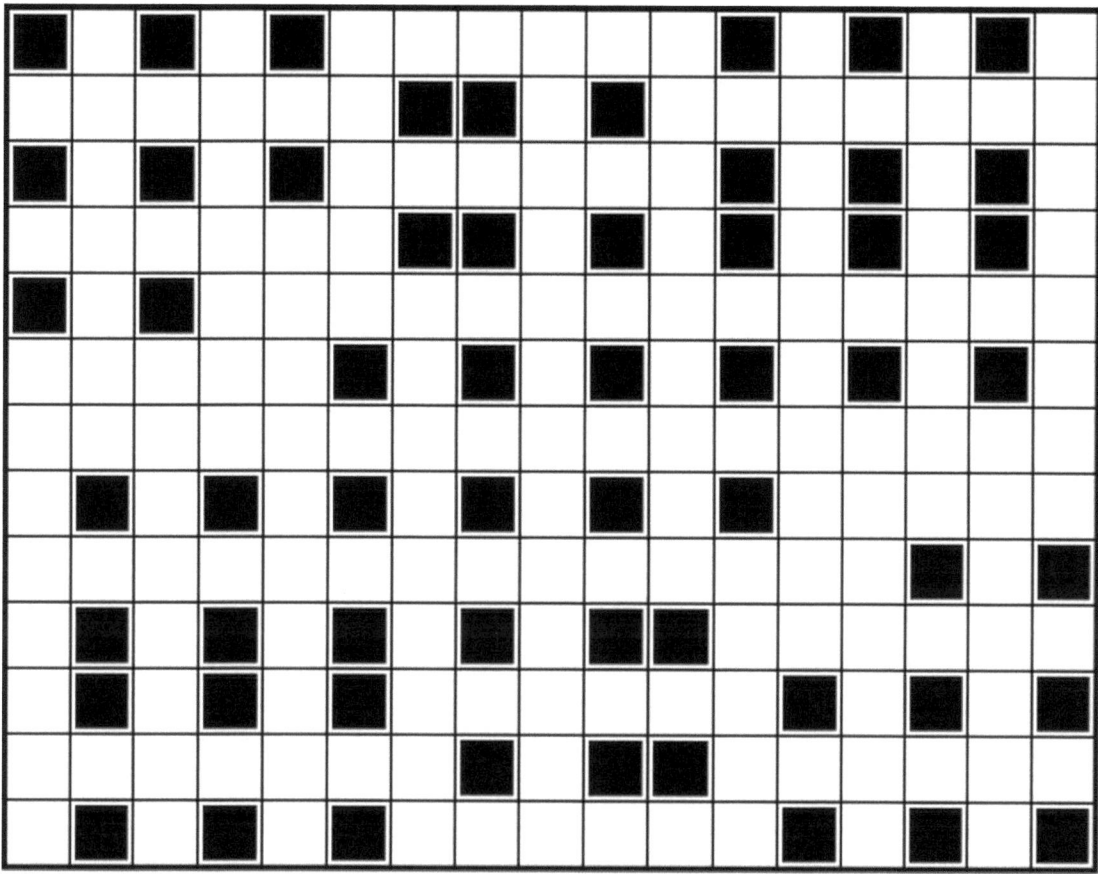

in Reihen (⇨):

- Gesamtwert abgesetzter Waren
- Goldene Palme - Cannes, Goldener Bär - ?
- Fehlen des Geruchssinnes (Medizin)
- Sirene, Seejungfer
- Telefonzelle
- offizielle Stimme einer politischen Vereinigung
- geröstete Weißbrotscheibe
- Talon, Zinsleiste (Börsenwesen)
- der Gute ... = Benennung Christi im Neuen Testament
- offener Waggon ohne Seitenwände
- plötzliches, heftiges Auftreten einer Krankheit

138. Kreuzwort ohne Umlaute

- Erdschicht über Bodenschätzen
- Flugzeuge - Flugfunk, Schiffe - ?
- ... Leichtfuß (scherzh.) = lebenslustiger Mensch
- Gesamtaufnahme, -ansicht (Film)

in Kolumnen (⇩):

- "tea break" (nicht nur für die Briten)
- Ratsherr
- Grundstücksnachbar
- geschlossene Kurve in der Geometrie
- Natürlichkeit der Wiedergabe

- Pater noster = Vater ...
- gewalttätiger Anschlag
- Handelsplatz für Bieter
- Pflegemittel für die Beißerchen
- Vorläufer des Cellos, Kniegeige
- Omen; Prognostikon
- Luftreise (hin) zu einem bestimmten Ziel
- Nachbar (landschaftlich)
- Fußball-Europameister (EURO 2020)
- dünnes Blättchen aus Metall, Papier (seltenere Schreibweise)

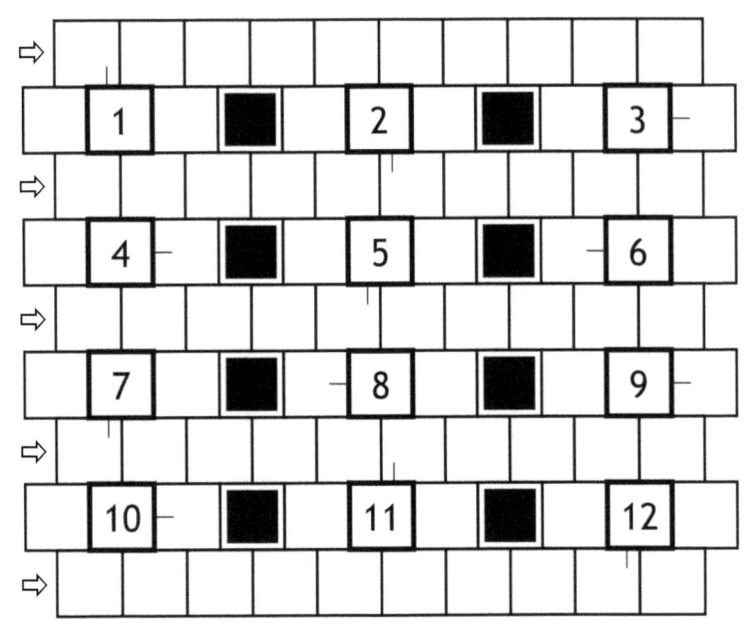

139. Kombi-Rätsel

waagrecht (in Reihen):
- ⇨ Irlands farbiger Spitzname (5,5)
- ⇨ giftige Pflanze, Tollkirsche (wörtlich: schöne Frau)
- ⇨ Helmut Schmidt als ehemaliger Regierungschef der BRD
- ⇨ erste farbige Verwarnung an einen Fußballer (5,5)
- ⇨ Verwirrung, Zustand des Verunsichertseins

im Uhrzeigersinn (↻):
1. würfelförmiges Stückchen Speck
2. Roman (2021) von Judith Hermann (oder Zuhause)
3. in die ... nehmen (ugs.) = sehr zusetzen
4. kann Berge versetzen
5. Märchengestalt mit Wunderlampe
6. Schießeisen
7. (Eishockey)torwart (engl.)
8. Peter, österr. Literaturnobelpreisträger (2019)
9. Wenn der Hahn kräht auf dem Mist, ändert sich das ..., oder es bleibt, wie es ist
10. beliebtes Kartenspiel für vier Personen
11. bergmännisches Werkzeug
12. ältestes und höchstes Fest im Kirchenjahr (kath. Kirche)

140. tierisch laut

Definitionen (in alphabetischer Reihenfolge):

Ein Tier, das
- ○ schnattert (4)
- ○ kräht (4)
- ○ gackert (5)
- ○ röhrt (6)
- ○ bellt, kläfft (4)
- ○ zwitschert, pfeift, tiriliert (9)
- ○ tschilpt (5)
- ○ klappert (6)
- ○ wiehert, schnaubt (5)
- ○ meckert (5).

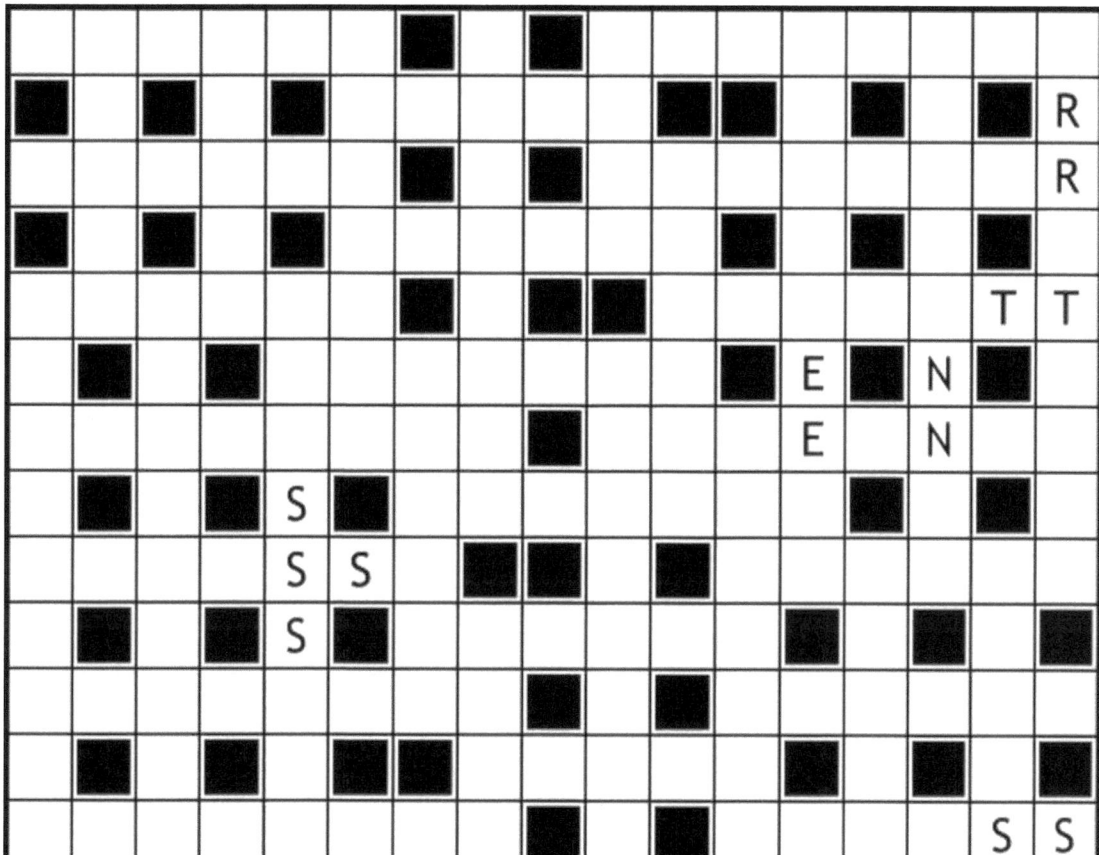

○ **waagrecht** | ● **senkrecht:**
○ vom Ventilator Abgesaugtes
● loslösen; wegmachen
● "Akropolis ...", deutscher Song von Mireille Mathieu
● niedere Wasserpflanze
○ Freund alles Schönen
● reichlich, in reichem Maße
● Vorderseite einer Münze
○ fast, nahezu, annähernd (ugs.)
○ z. B. = zum ...
○ zweiteiliger Damenbadeanzug
● kleine, dunkle Waldfrucht
○ Dachshund
○ katastrophaler Misserfolg
● Sherlock Holmes oder Hercule Poirot
○ Fluss im Norden der DR Kongo (Namensgeber einer Infektionskrankheit)

○ historische Landschaft westlich des Oberrheins
● nicht von schlechten ... (ugs.) = nicht übel
○ Resultat, Ausgang (eines Spiels)
● abirrend, nicht stringent (bildungssprachlich)

---
141. Kreuzgitter

● Fluorit
● Kühlvorrichtung für luftgekühlte Motoren
○ Gallertmasse
● Klatsch, Geschwätz (ugs.)
○ Verstand (ugs.)
● heimisches kleines Raubtier
○ Fahrgast (in einem Bus)

● Nadelgehölz (Botanik)
○ überlieferte Geschichte
● Vorraussetzung für einen perfekt passenden Maßschuh
● Kinderbeschäftigung mit didaktischer Absicht
● Larve einer Fliege
○ dünnes, feines Häutchen (Anatomie, Biologie)
○ Ruheständler, Pensionär
○ Bierglas, -krug mit Henkel
○ Lichtschein, -streifen
○ herrenloser Hund; Straßenhund
○ (jmdm.) etwas auf einem silbernen ... servieren = (jmdm.) etw. so zugänglich machen, dass es mühelos genutzt werden kann
● Lust, Verlangen (veraltend)

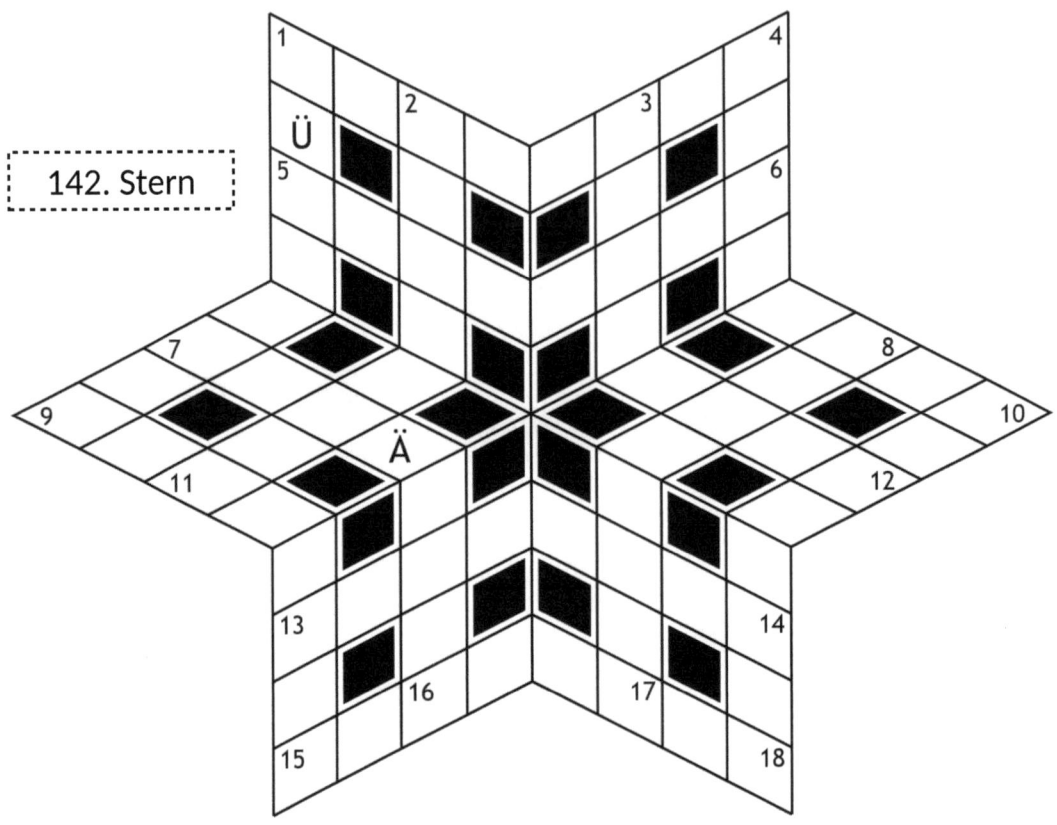

1-4 MV - Megavolt, kW - ?
1-9 Kammer zur Frischhaltung von Lebensmitteln
2-11 strenger Stallgeruch (meist scherzhaft)
3-12 mit Wasserfarben gemaltes Bild
4-10 berührungsempfindliches Tastfeld in Note-
books (engl.)
5-6 Hauptstadt des 50. Bundesstaates der USA

7-16 langes Wunderbauwerk der Antike
8-17 Vögelchen (ugs. / Kindersprache)
9-15 an der ... horchen (ugs. scherzhaft) = schla-
fen
10-18 Geliebte, Flamme (scherzhaft)
13-14 Federvieh für klassisches Thanksgiving-
Dinner
15-18 südamerikanisches Landgut

"In der Nacht sind alle Katzen grau."

H   *"Doch unser _ _ _ _ _ war ganz schön blau!*
Soff die ganze Nacht,
jetzt endlich erwacht

H   *wird er einen _ _ _ _ _ haben."*
"Miau!"

M1 *"Und dort der _ _ _ _*

M1 *hat rote _ _ _ _."*

M2 *"Auch bei dem _ _ _ _*

M2 *lief es nicht _ _ _ _.*
"Wau!"

143. Metagramme mit Homonym

**Feuchtfröhliche Nacht
auf der Farm der Tiere**

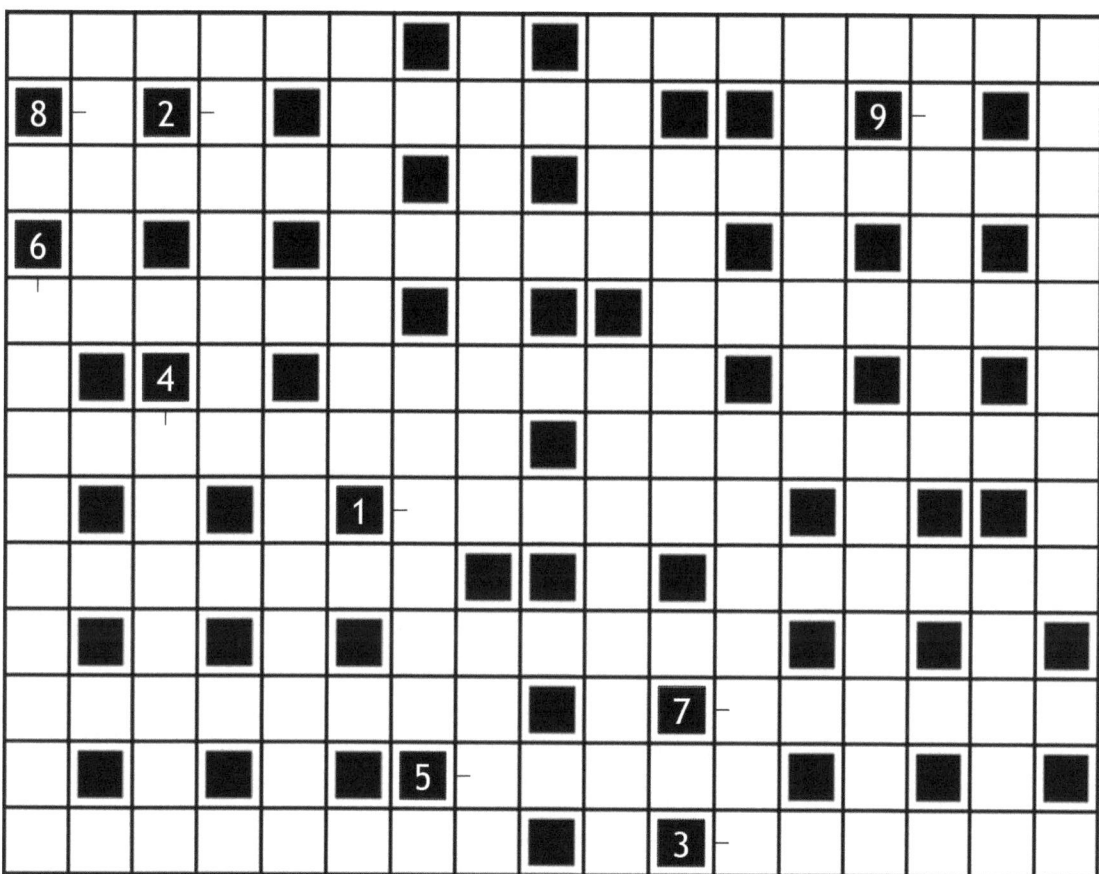

in alphabetischer Reihenfolge
□ **waagrecht** | ■ **senkrecht:**
□ Manilahanf
□ nein sagen; zurückweisen
■ epileptischer Anfall mit kurzer Bewusstseinspause
□ Trinkgefäß; Pokal
□ peptidspaltendes Enzym (Anagramm: Tasse Ale)
□ erzählender Dichter
□ Ausgangsstoff der Petrochemie
■ Birkengewächs mit holzigen Fruchtzapfen
■ Ziererei; eigenwilliges Benehmen
□ Karibikstaat mit der Hauptstadt St. George's
■ dornige Heilpflanze (Eindorn)
■ Kombination aus Kopfhörer und Mikrofon

■ Heldin der Geschichten von Johanna Spyri
1 Bundesland mit Darmstadt
□ Baumeidechse
■ essbares Stück der Innereien
2 Russische ... (mit goldenen Kuppeln) auf der Mathildenhöhe
■ elastisches Stützgewebe
■ bei Vulkanausbrüchen austretendes Magma
3 Justus von, Begründer der Agrochemie (aus DA)
4 Darmstädter Partnerstadt aus Lettland
5 Blume im Wappen von DA
□ schlaksiger Bursche
□ Attila - Hunne, Dschingis Khan - ?
■ undeutlich sprechen
□ wenn auch; wenngleich

□ dem Auge zugewandte Linse
6 "Ziergewächshaus" im Stadtteil Bessungen
■ Türke im Sultanenreich
7 Prinz-Georg-... alias Porzellanschlösschen in DA
8 polnische Partnerstadt von Darmstadt
■ knackt diese Kopfnuss
□ offener, zweisitziger PKW
9 Gebäude am Marktplatz mit der Landes- und Hochschulbibliothek
□ Haarersatzteil
□ unzüchtig; ausschweifend
■ Ärger; leichter Zorn
□ Ankündigung des Fernsehprogramms mit kurzem Überblick

┌─────────────────────────────────┐
¦ 144. Besuch in **DA**rmstadt ¦
└─────────────────────────────────┘

1	2	3	4	5	6	7	8	9	10	11	12	13

145. Mäanderrätsel

entlang der fett markierten Linien:

1 kurze launige, oft derbkomische Erzählung in Prosa oder Versen
2 Himmelskörper
3 Darm, insbes. Dünndarm, Eingeweide (Med.)
4 **4 senkrecht** von Irland
5 nach dem Mähen stehen gebliebener Rest des Halms
6 Inselgruppe im Südatlantik
8 kanadische Provinz mit Edmonton
9 Freibrief; Frachtvertrag
10 Zupfinstrument (mit meist sechs Saiten)
11 Lichtschalter
12 zum … nah(e) = nicht mehr in weiter Ferne

senkrecht:

1 Wasservogel mit langem Hals
2 Gesamtheit der Gebärden
3 Erstürmen eines feindlichen Schiffes
4 Schutzheiliger (kath. Kirche)
5 Tau, Leine
6 kleiner rundlicher Mensch (ugs.)
7 altdeutscher Frauenname (Anagramm von Lawine)
8 lustig (ohne Grund), heiter
9 Grundgesetz, z.B. englische Magna … von 1215
10 Einfriedung; Kreuzgeflecht
11 Gewehr (ugs.) oder Kinderspielzeug
12 Bauhandwerker
13 **Teil** im Streifenwagen

146. Do It Yourself

Alle freistehenden Buchstaben sind schon eingetragen. Das Diagramm ist so mit Substantiven (keine Eigennamen) zu füllen, dass ein korrektes Kreuzworträtsel entsteht.

Starthilfe

4 hoher Beamter im kaiserlichen Dienst (im alten Rom)

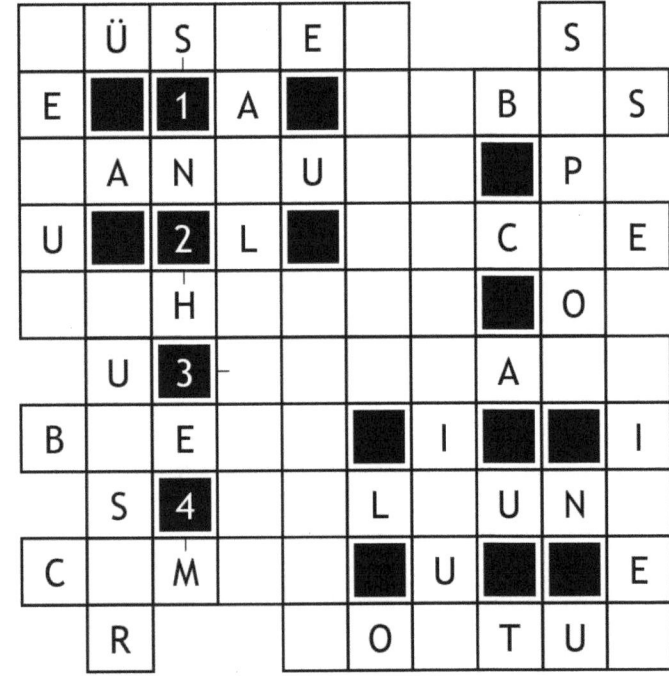

82

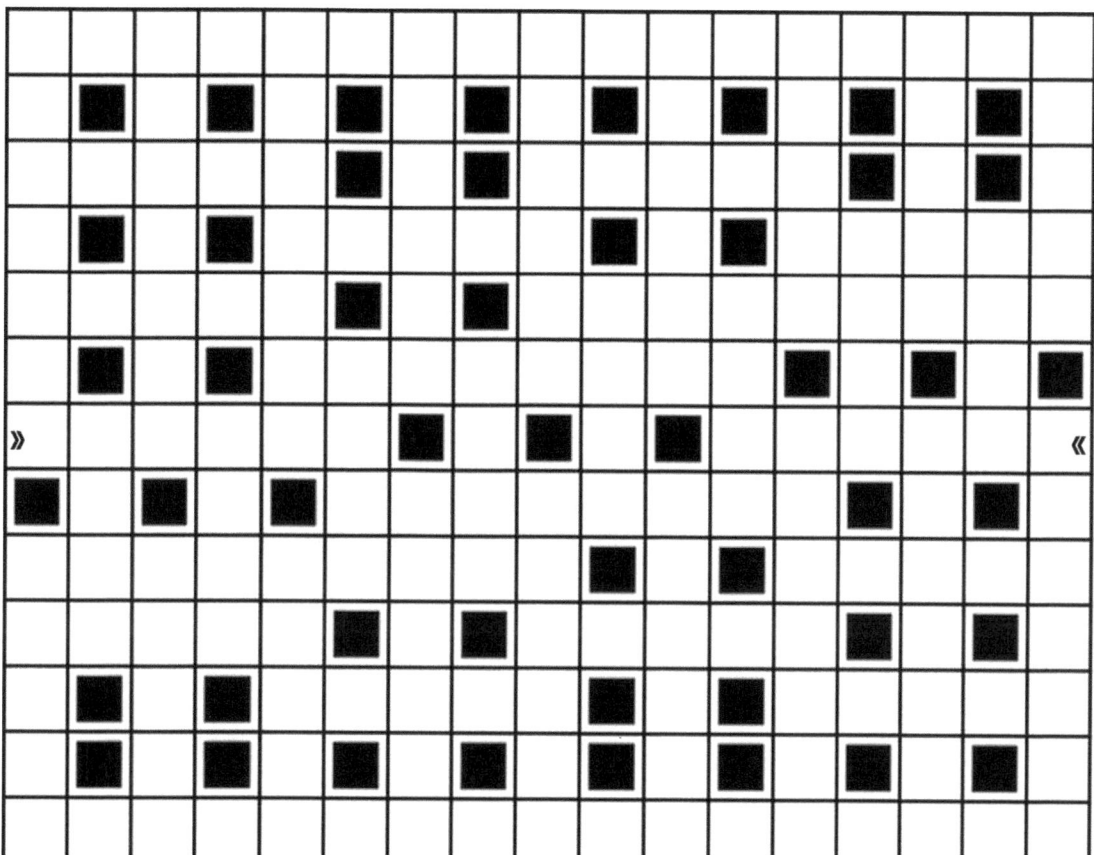

in Reihen:
- Aktrice für tragende Rollen
- Baskenmütze (schweizerisch)
- Brettspiel für 2-4 Personen
- ... für Cobra 11 (Actionserie)
- Reitershow mit Bullriding
- Blutbahnen, -gefäße
- Stadt im südlichen Sauerland
- größte Stadt des Sauerlandes
- Schrott, gebrauchtes Metall
- Fahr-, Fluggast
- gelbliche Absonderung bei Entzündungen
- Standortermittler in "Standortermittler"
- alles hat ein Ende, nur die ... hat zwei
- Busenfreund (süddt. ugs.)
- Bestandteil von Schokolade
- beliebter Fisch in der Teichwirtschaft

147. KW mit Redensart (»«)

in Kolumnen:
- wichtige Kenngröße bei Verbrennungsmotoren
- Kraft, Stärke, Leistung (engl.)
- Fluss durch Landshut
- 5:30 (auf einem Wecker)
- schmaler, steiler Weg
- Sportgrößen oder Spielkarten
- legendäres Passagierschiff
- giftiges Halbmetall
- feingeschnittener Tabak
- Ankündigung od. Conférence
- freier Verteidiger (Fußball)
- langer dünner Zweig
- Gegenwort zu breit
- Kieler - Elrike, Wiener - ?
- ... Kroos, Ex-DFB-Spieler
- Feuerstein mit natürlichen Absplitterungen
- spektakuläre Abfahrtspiste in Kitzbühel
- das ... der Welt = der Jüngste Tag
- Best Place to ..., Deutschlands Gütesiegel für die betriebliche Ausbildung
- Massage (ugs.)
- Bremen - Weser, Breslau - ?
- ... Veneziano, ital. Orchester
- der, die oder das
- ... Clapton ("Slowhand")
- Johnson, ..., Ford
- Insulin + Adrenalin

In die Felder werden entsprechend eins-zwei-drei Buchstaben (F-EL-DER) **eingetragen**

links nach unten (⤪):
1 röhrender Wiederkäuer
2 Gallerterzeuger
3 Stadt an der Neretva
4 starkes englisches Bier
5 ausziehbare lichtdichte Hülle (z.B. bei Klappkameras)
6 einfarbiges, feines (Seiden)gewebe
7 Großraumpassagierflugzeug
8 Kerbtier, Kerf
9 städtische Grünflache oder Naturell
10 "Spielfeld" für **Beach**volleyballer
11 silberweißes Metall
12 lustig und geistreich

rechts nach unten (⤵):
1 100a oder 10 000 m²
2 größeres, gedrucktes Bild (eines Idols)
3 Tagesanbruch

4 Schloss; Prachtbau
5 Graspflanze für Pandas
6 unmissverständlich; unverblümt (ugs.)
7 Diktat oder Programmhinweis
8 Staatsgebiet innerhalb der Grenzen
9 Hauptraum mit Dachöffnung (im altitalischen Haus)
10 Torte - süß, Brezel - ?
11 geschmacklos gestalteter, aufgemachter Gebrauchsgegenstand
12 Zimmervermieterin

in alphabetischer Reihenfolge:
○ thermodynamische Größe (Symbol S)
○ "Halbröhre" für Skate- oder Snowboarder
○ Mündungsgewässer des längsten Flusses Europas (Kurzform)
○ Cédric, franz. Filmregisseur ("L'auberge espagnole")
○ Popeyes Lieblingsspeise
○ Thekla in "Biene Maja"
○ Krankenhaus für die Eidgenossen
○ "Das war ...!" (Dalli Dalli)

	A		π			
	■	■	■	π		■
A	■		π		A	
π	■	π		■		
	π				■	
	■		A		■	π
	A			π		

150. römische Zahlen

waagrecht ■ | senkrecht □:

□ ewiges Einerlei
■ ... Rieu (und sein Johann-Strauss-Orchester)
■ achtgrößte Stadt Togos (Anagramm: ohne A)
■ gutheißen, billigen, akzeptieren
■ Kultursender mit Hauptsitz im französischen Straßburg
□ beliebte Herbstblume
■ ... Schröder, Lockenkopf der deutschen Comedy-Szene
□ planmäßige Vergrößerung
□ aggressiver Fahrer auf der Autobahn
■ Elektroauto, -motorrad
■ Bedrohlichkeit einer Situation
■ ... Flynn, Ikone der "Goldenen Ära" Hollywoods
□ Anstreichmittel oder Tönung
■ Reise mit dem Aeroplan
□ einräumiges Haus (Anagramm: Gnade)
□ eingedickter Fruchtsaft
□ Landgut in Lateinamerika
□ gottähnlicher Held, Halbgott
□ Desktoppiktogramm
■ Militäroperation in der Golfregion (2003)
□ ... Papas, griech. Schauspielerin (*1926)
□ Felsspalte oder Uniform
■ Vakuum
□ Teenage Mutant ... Turtles (Comicserie)
■ Zwischenprüfung im Rahmen des Medizinstudiums
■ Austauschen eines runden Autoteils
■ sehr kleiner Bach
■ dunkler Rebensaft
□ Ike statt Dwight bei Eisenhower
□ mit ... fängt man Mäuse
■ immer, jederzeit
□ ... Kock am Brink (aus TV)
■ schmutzig, dreckig
□ Vorgesetzte und ... (innerhalb einer Hierarchie)
□ "Der Untergang des Hauses ..." von Edgar Allan Poe
□ Einschnitt; markanter Punkt
□ der ... heiligt die Mittel

151. aus Alt macht Neu

8					
4					
6					
10					
12					
7					
9					

Die fünfbuchstabigen Begriffe sind mit einem Buchstaben zu ergänzen, so dass neue Wörter entstehen (STICH - STRICH). Die Summe beider Definitionen zeigt das richtige Zahlenfeld an. Die hinzugefügten Buchstaben (3. Kolumne) ergeben die Lösung.

fünfbuchstabige Begriffe:
1 zu … gehen = entzweigehen
2 meine … und Herren!
3 Sammellager; Sammelstelle für Omnibusse oder Schienenfahrzeuge
4 eine spitze … führen = kritische und aggressive Texte verfassen
5 mit … und Ösen (ugs.)
6 vom … ziehen = schimpfen, wettern
7 das ist (ein) starker …! (ugs.) = das ist ja allerhand!

sechsbuchstabige Begriffe:
1 Kupfer-Zink-Legierung für unechten Schmuck
2 Pi mal … (ugs.) = nach Gutdünken
3 Gewaltherrscher; herrische Person
4 bedauerlicherweise
5 Äcker
6 überkommene Sitte (nach altem … feiern)
7 sich die … ablaufen = sich eifrig (um etwas) bemühen

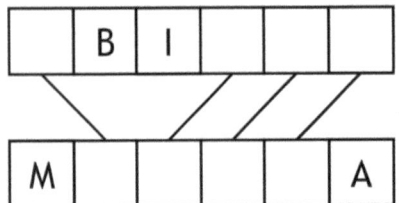

152. Letterpartie

"Reife" Leistung in D und A + CH

153. Krypto-Mini-Rätsel

↘
2 Martina, ehemaliger dt. alpiner Skistar
1 "rising Latin-trap and reggaeton star" aus Puerto Rico ("Bandido" mit Myke Towers) oder Metagramm von Huhn
5 Rumba oder Samba
8 dünne Kladde oder Griff
↗
1 drückende Last, Knechtschaft
2 rein, unverfälscht
11 Schweißlinie
9 Frühling (poetisch)

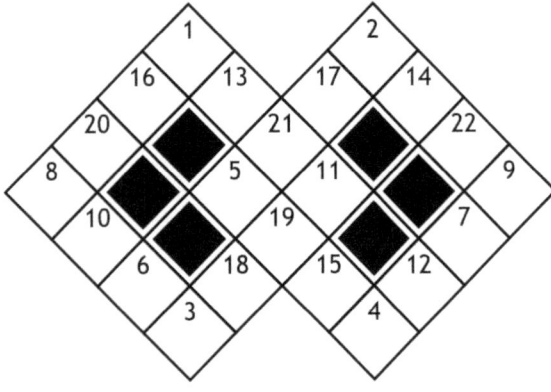

Ich wollte für dieses Jahr fünf Kilo abnehmen ☺

1	2	3	4	5

6	7	8	9	10	11	12	13	14	15	16	17	18	19	20	21	22

154. griechische Buchstaben

waagrecht • | **senkrecht** ○:

- • alphabetische Ordnung der Buchstaben (ABC)
- • abgeleitete Schmutzflüssigkeit
- ○ Wollteppich aus Asien
- ○ Sammlung von Zitaten bekannter Autoren
- ○ angewidert, voller Abscheu
- • winziges Teilchen
- ○ fügsam (veraltet)
- • Bernard (1916-89), franz. Charakterdarsteller
- ○ Dusche (veraltend)
- • Entwässerungsgraben
- ○ Bodenglättung
- • Hibiskus, Althee
- ○ großer, freier Platz
- ○ Zeugnis urzeitlicher Lebewesen
- • Band mit dem höchsten Bekanntheitsgrad auf einem Festival (engl.)
- ○ Salem - Oregon, Boise - ?
- • beschusssicherer Raum in Festungen (Militär)
- ○ Reduktionsteilung (Biologie)
- ○ Fluss durch Schwandorf
- ○ flötenähnliches Musikinstrument aus Ton
- ○ ein ... = mehr als einmal
- • psychische Störung mit Wahnvorstellungen
- • Ausscheidungsrunde, -kampf im Eishockey oder Basketball (engl.)
- ○ Land an der Ostsee
- • Hab-, Gewinnsucht (abwertend)
- • Siegestrophäe der Indianer
- • abgehobeltes Holzstückchen
- ○ "The King's ...", Biopic mit Colin Firth
- ○ Keimzellen von Farnen
- • moderner Geschirrspüler benötigt pro ... im Durchschnitt 10 l Wasser
- ○ Nervenkitzel (engl.)
- • Einheit im Unterrichtsprogramm
- ○ Gewehr, Pistole

waagrecht * senkrecht:
1 Fernrohrteil * Landstreicher
2 Nagetier
3 Hochschüler
4 Schulraum
5 Landstrich
6 Geschirrstück
7 Demontage
8 Existenz
9 Schlagader
10 widernatürlich
11 Geist
12 Klub
13 Bündnis
14 Getränkerest
15 Schuppenkriechtier
16 Sachbereich
17 begütert
18 Badeanzug
19 Ballettschüler

156. Kreuzgitter *Unsere Bundesländer*

Die markierten Reihen - ergänzt mit Buchstaben aus den Pfeilfeldern - nennen ein Bundesland.

in alphabetischer Reihenfolge:

☐ Heiligenschein
☐ ... sein wie ein Pfau
☐ Führer der indischen Unabhängigkeitsbewegung
☐ Landschaft mit Erika
☐ TV-Gerät - Fernsehen, Radio - ?
☐ Eingeweihter mit internen Kenntnissen
☐ am Hungertuch ... (ugs. scherzh.)
☐ WWF = World Wide Fund for ...
☐ Einerlei, Eintönigkeit (gehoben)
☐ Neustart des Computers
☐ Maurice, franz. Schauspieler ("Fahrstuhl zum Schafott")
☐ ... Murdoch, Medienunternehmer austral. Herkunft
☐ Rollschuh laufen (engl.)
☐ dröhnen, schallen
☐ Mensch (als Geschöpf)

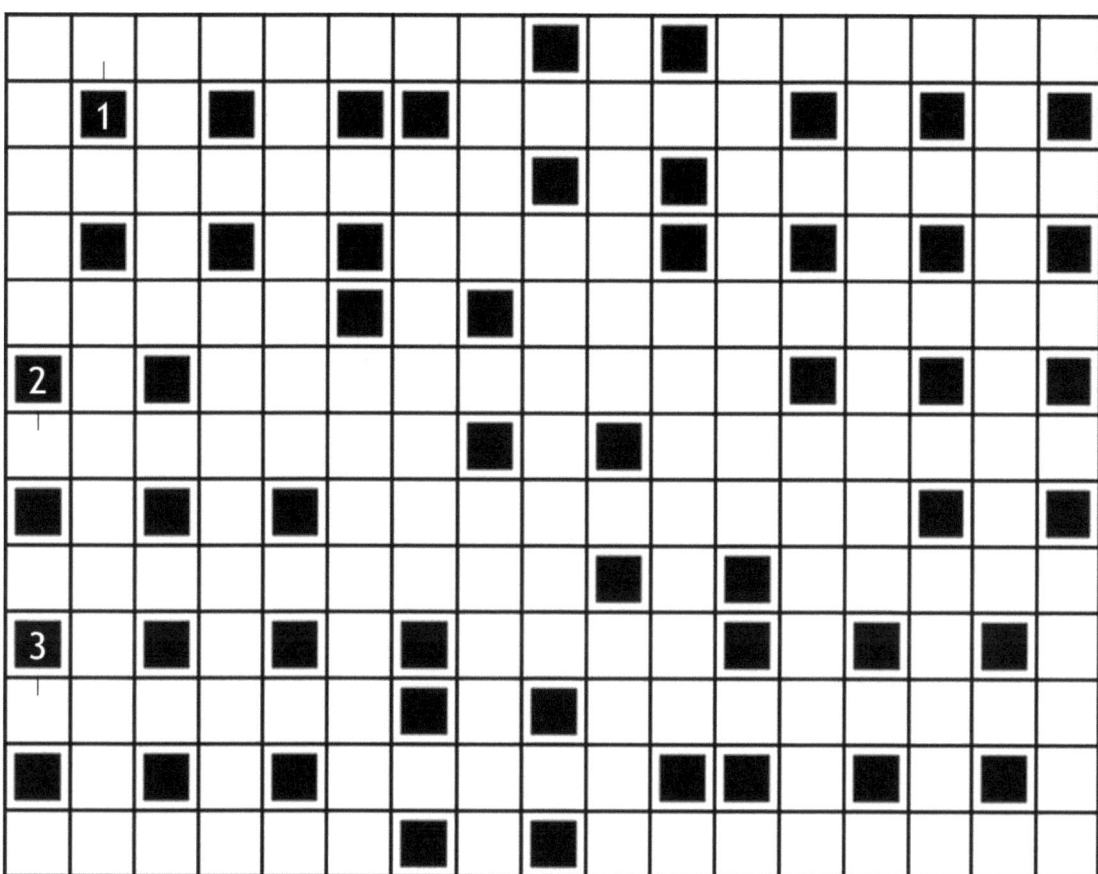

in alphabetischer Reihenfolge
waagrecht (□) | **senkrecht** (■):

- □ früher: Stadtrat in Großbritannien (Anagramm: andermal)
- ■ Filmdrama von Barbet Schroeder mit Marthe Keller
- ■ Medizin, Medikament
- □ großes, wildes Tier
- □ assoziere: Behälter, Flaschen, Gerstensaft
- ■ "... in Arms", Hit von Dire Straits
- ■ Motoradkategorie (Harley Davidson, Indian Chief)
- ■ doppelt vorhandenes Stück
- □ von einem Seismometer registrierte Bodenerschütterung
- ■ Erdteil mit San Marino
- □ Sportlerin mit Florett
- ■ Zeus - Grieche, Odin - ?

- ■ ... Cervi, ital. Schauspieler (Don-Camillo-Filme)
- □ Spinner, Verrückter
- ■ Südeuropäer
- □ ... von Assisi, Ordensgründerin
- □ feindseliger Brummton eines Hundes
- ■ wehklagend, traurig (Musik)
- ■ ... von Philippi, Schutzpatronin der Färber
- □ "The Dark Side of the ...", Album von Pink Floyd
- ■ "feuriger" römischer Kaiser
- ■ kaufmännisches Angebot
- □ "... in Life", Konzertprojekt von Daniel Libeskind und der Alten Oper Frankfurt (3,3)

- □ "Clivia" von Nico Dostal
- □ Dichtkunst
- □ Paula - Paul, Irene - ?
- ■ Teil einer Kommandobrücke
- ■ Sechstel, ..., Achtel
- ■ leichter Stoß (ugs.)
- □ plumper Unpaarhufer feuchtwarmer Tropenwälder
- ■ gelbes Schiff aus "Yellow Submarine"
- □ Ayers Rock, heiliger Berg der Aborigines
- □ Politthriller mit Nick Nolte "unter Beschuss" in Nicaragua (5,4)
- ■ Naturschutzgebiet im Landkreis Breisgau - Hochschwarzwald (Anagramm: Reuse)
- □ ursprünglicher Zustand
- ■ gesunkenes Schiff

157. berühmtester Sohn Salzburgs

158. Strichrätsel

In den vorgegebenen Wörtern wurden einige Buchstaben weggelassen. Diese mit einem Strich markierten Stellen ergeben - fortlaufend gelesen - den gesuchten Begriff.
(Ö_ _E_RE_ _ _ > STRICH).

waagrecht:

1 W_ _ _ _ _AUSG_BE
6 DUN_E_K_ _ _ _ _
7 HO_ _ _EFE_AN_
8 _AFF_E_ _LTE_
10 ST_ _ _E_I_ _ERAT_ _
13 H_ _D_ _N_ _R
15 _ _OP_YS_KE_I_
18 RE_I_RU_GSK_MMI_ _ _O_
21 ZU_ _ _T_I_
22 S_ _ _TE_I_
23 _ _NE_AL_M_EST_ _
24 D_EIT_GE_ _R_

senkrecht:

1 L_ _ _ _ _ _ININ_
2 B_NE_ _ _ _INER
3 B_ _ _ER_ _
4 _ _ _ _TSZ_ _E
5 SC_M_TTE_L_ _ _
9 F_UE_ _ _ _CHER
11 HOCH_ _B_R_ _
12 DE_ÜT_ _TI_
14 B_S_N_LIC_K_ _ _
16 S_ _U_L_ÖRD_RI_
17 P_EISV_R_E_HU_ _
19 F_ _O_ _ _MIN
20 DENK_POR_ _ _FGA_E

---

159. Kreuzgitter

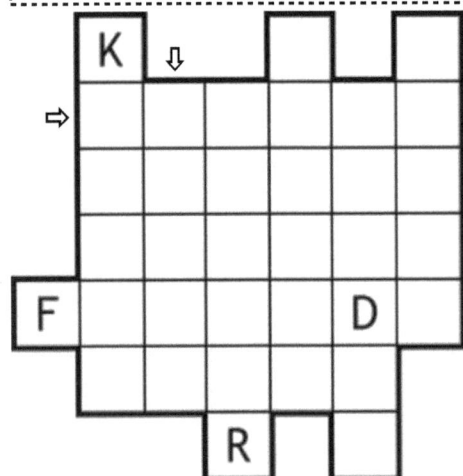

In den markierten Feldern (Reihe ⇨ | Kolumne ⇩) verstecken sich zwei Wald- bzw. Feldbewohner.

in alphabetischer Reihenfolge

■ waagrecht □ senkrecht:

□ beste Schulnote
■ vordere Außenseite eines Gebäudes
□ Bundesstaat der USA
□ große Anzahl
■ schräg halten
■ Unsterbliches; Psyche
□ alte Volumeneinheit für Flüssigkeiten (in Bayern 0,535 l)
□ (optisches oder akustisches) Zeichen
■ tiefschürfend, überlegt, durchdacht

										1 A	
2 N	3 E	4 F	5 B	6 M	7 J	8 C	9 I	10 D	11 A	12 F	13 K
14 F	15 G	16 N	17 G	18 E	19 H	20 H	21 F	22 A	23 H	24 J	25 C
26 K	27 I	28 D	29 B	30 E	31 K	32 D	33 G	34 E	35 C	36 B	37 C
38 H	39 M	40 I	41 C	42 L	43 L	44 C	45 L	46 K	47 D	48 I	49 M
50 H	51 M	52 J	53 E	54 A	55 L	56 I	57 B	58 J	59 L	60 N	61 G

160. DiAchrostichon

Die Zahlen sind durch Buchstaben zu ersetzen. Bei richtiger Lösung ergibt sich - fortlaufend gelesen - ein Spruch. Die dritten, mit 0 gekennzeichneten Buchstaben nennen den Autor (Nachname) des gesuchten Spruches.

A	1	11	0	22	54		"heißes" Schwermetall
B	5	36	0	57	29		begründeter Anspruch
C	41	25	0	37	8	44	35 · Ebene, Lage
D	28	47	0	10	32		Runzel auf der Stirn
E	3	34	0	30	53	18	Geige (scherzhaft)
F	12	4	0	21	14		in Samt und ...
G	33	15	0	61	17		Wohngeld
H	38	19	0	20	50	23	Urlaubszeit für Schüler
I	40	27	0	48	56	9	Ausschußware
J	24	7	0	52	58		Redefluss, -schwall
K	46	31	0	26	13		kleiner Junge; Kerlchen
L	55	43	0	42	59	45	Lump, Halunke
M	6	51	0	49	39		Brustriemen am Pferdegeschirr
N	60	2	0	16			ewiger Schnee

161. Money Money Money

waagrecht * senkrecht:
1 Geld (salopp) * "Rich Dad ... Dad: Was die Reichen ihren Kindern über Geld beibringen" (Sachbuch)
2 Geld (ugs.)
3 RD1609310091 auf dem Geldschein
4 der schnöde ... * klingende ... - geh. für bares Geld
5 Geld (salopp; ohne ... nichts los)
6 Geld (salopp) * Geld (salopp) oder Froschlurche
7 Geld (salopp)
8 Russland - Rubel, Kasachstan - ? (Metagramm: Menge)
9 Geld (ugs.)
10 Münzen zum Herausgeben oder zum Wechseln

⇩ **Thematische Rätsel** ⇧

162. schwere Jungs & Co.

in alphabetischer Reihenfolge:
A ... Delon als Profikiller in "Der eiskalte Engel" (1967) (5)
● Bauernfänger, Ganove (8)
● verletzende Äußerung eines Gotteslästerers (10)
● (organisierter) Schwerverbrecher (8)
● Dieb; Spitzbube (6)
● "Mörder ..." - Krimikomödie mit Oliver Reed, Diana Rigg und Telly Savalas (1968) (4)
● schlechter Mensch; Schuft (7)
● (Taschen)dieb (oft scherzh.) (10)
● ... Hotzenplotz (6)
● Betrüger, Gauner (10)
Ü Verbrecher, Delinquent (9).

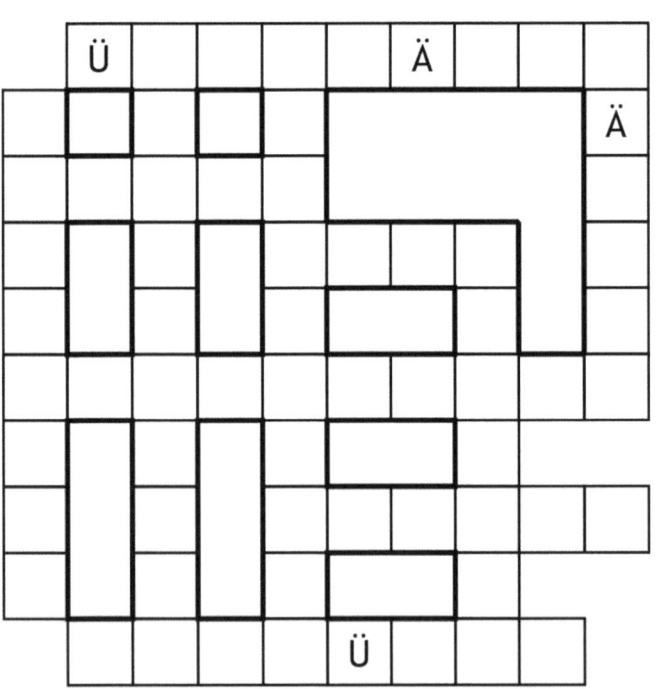

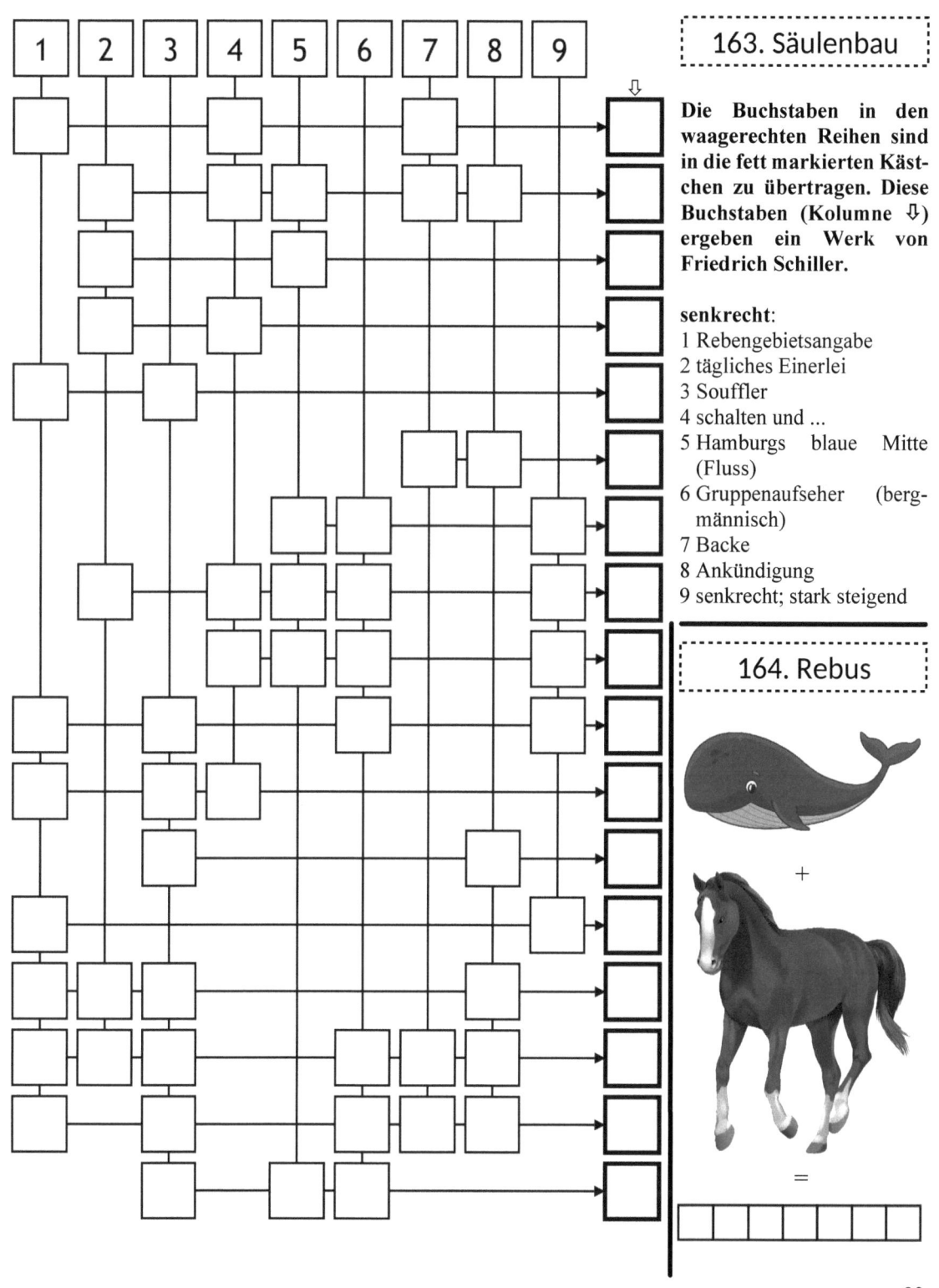

Die Buchstaben in den waagerechten Reihen sind in die fett markierten Kästchen zu übertragen. Diese Buchstaben (Kolumne ⇩) ergeben ein Werk von Friedrich Schiller.

senkrecht:
1 Rebengebietsangabe
2 tägliches Einerlei
3 Souffler
4 schalten und ...
5 Hamburgs blaue Mitte (Fluss)
6 Gruppenaufseher (bergmännisch)
7 Backe
8 Ankündigung
9 senkrecht; stark steigend

164. Rebus

+

=

93

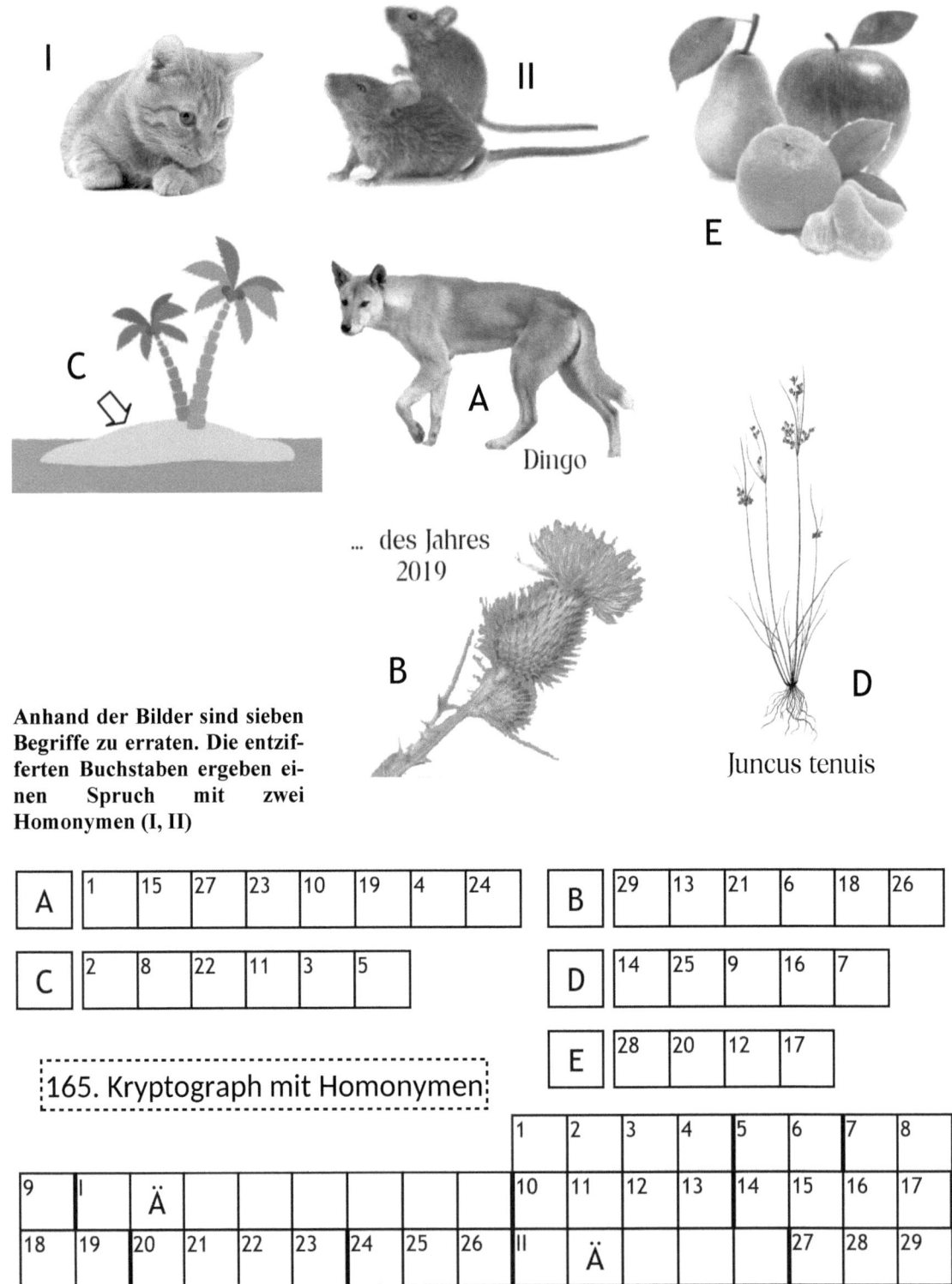

I

II

E

C

A

Dingo

... des Jahres 2019

B

D

Juncus tenuis

Anhand der Bilder sind sieben Begriffe zu erraten. Die entzifferten Buchstaben ergeben einen Spruch mit zwei Homonymen (I, II)

A	1	15	27	23	10	19	4	24

B	29	13	21	6	18	26

C	2	8	22	11	3	5

D	14	25	9	16	7

E	28	20	12	17

165. Kryptograph mit Homonymen

1	2	3	4	5	6	7	8
9 I Ä								10	11	12	13	14	15	16	17
18	19	20	21	22	23	24	25	26	II Ä				27	28	29

94

Unsere Bundesländer

Left diagram (letter column reading down, with row numbers and cell markers):

Row	Letter	Markers
1	O	15
2	N	
3	E	20
4	T	4
5	L	21
6	R	24
7	N	19
8	R	14
9	N	11
10	R	
11	E	23
12	T	17
13	R	22

Right diagram (letter column reading down, with cell markers):

Letter	Markers
K	6
A	1
I	5
E	2
S	3
A	7
O	10
E	8
I	16
L	12
D	13
E	9
E	18

Solution cells:

1	2	3	4	5	6	7	8	9

10	11	12	13	14	15	16	17	18	19	20	21	22	23	24

Auf jede Frage (Definition) gibt es zwei Antworten. Die Anfangsbuchstaben der gesuchten Begriffe stehen - in alphabetischer Reihenfolge - in Klammern. Die zweiteilige Lösung entsteht in der fett markierten Mittelkolumne des linken Diagramms und in den Zahlenfeldern (1 bis 24) darunter.

1 Gebirgstier in Südamerika (A,G)
2 Gesangsstimme (B,S)
3 Geldaufnahme (A,K)
4 geometrisches Viereck (Q,T)
5 hoher Offiziersrang (G,O)
6 katholischer Geistlicher (K,P)
7 James-Bond-Darsteller (B,D)

8 Besitzer (E,I)
9 deutscher Austragungsort der Olympischen Sommerspiele (B,M)
10 Prozessteilnehmer (A,R)
11 Epos von Homer (I,O)
12 Glaubensabtrünniger (K,R)
13 gebrannter Baustein (K,Z)

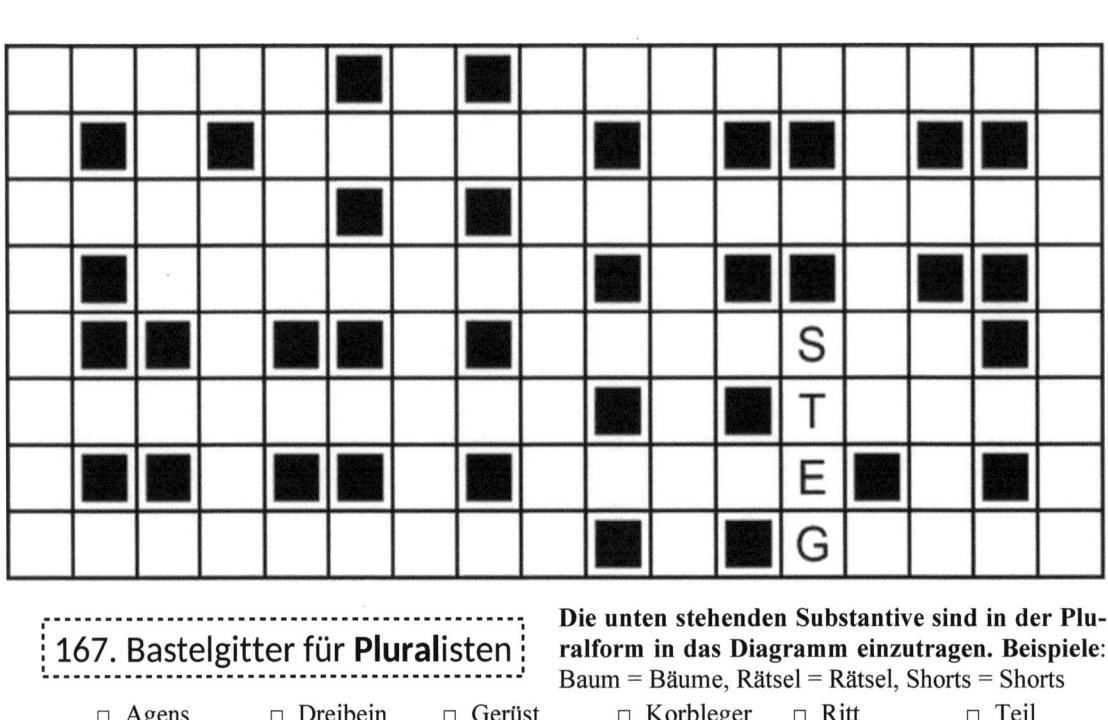

Die unten stehenden Substantive sind in der Pluralform in das Diagramm einzutragen. Beispiele: Baum = Bäume, Rätsel = Rätsel, Shorts = Shorts

- ☐ Agens
- ☐ Bass
- ☐ Bermudas
- ☐ Bügel
- ☐ Dreibein
- ☐ Eber
- ☐ Edikt
- ☐ Ei
- ☐ Gerüst
- ☐ Guru
- ☐ Infoline
- ☐ Klingel
- ☐ Korbleger
- ☐ Latz
- ☐ Referat
- ☐ Resümee
- ☐ Ritt
- ☐ Schikane
- ☐ Set
- ☐ Sirene
- ☐ Teil
- ☐ Tirili

---

168. Silbenrätsel

1 Teleskopstab zum Aufnehmen von Selbstporträts * vitaminreiches Gemüse
2 miefiges Gasgemisch im Wagen, Zimmer
3 Laubbaum, **Eller** * tiefes Mitgefühl
4 Dyspnoe, Atembeschwerden
5 dient der schnellen Evakuierung eines Flugzeugs
6 feste Absperrung
7 Iris im Auge
8 Akteure * ganz kleines Lebewesen
9 Genetikerin
10 starke Klangfülle (Musik)
11 Nackenhebel oder Doppelnelson
12 Zehn ... = Dekalog * Antonym von Nehmer
13 (jmdm.) Unterkunft bieten
14 Kornelkirsche
15 Attacke, Offensive * glühender Verehrer
16 Elefant = Säugetier von grauer ...
17 Kollegin einer Rancherin
18 Nichts, Null (für Franzosen)
19 literarisches Werk ("Effi Briest")
20 10 dm
21 Amtssprache in China und Taiwan

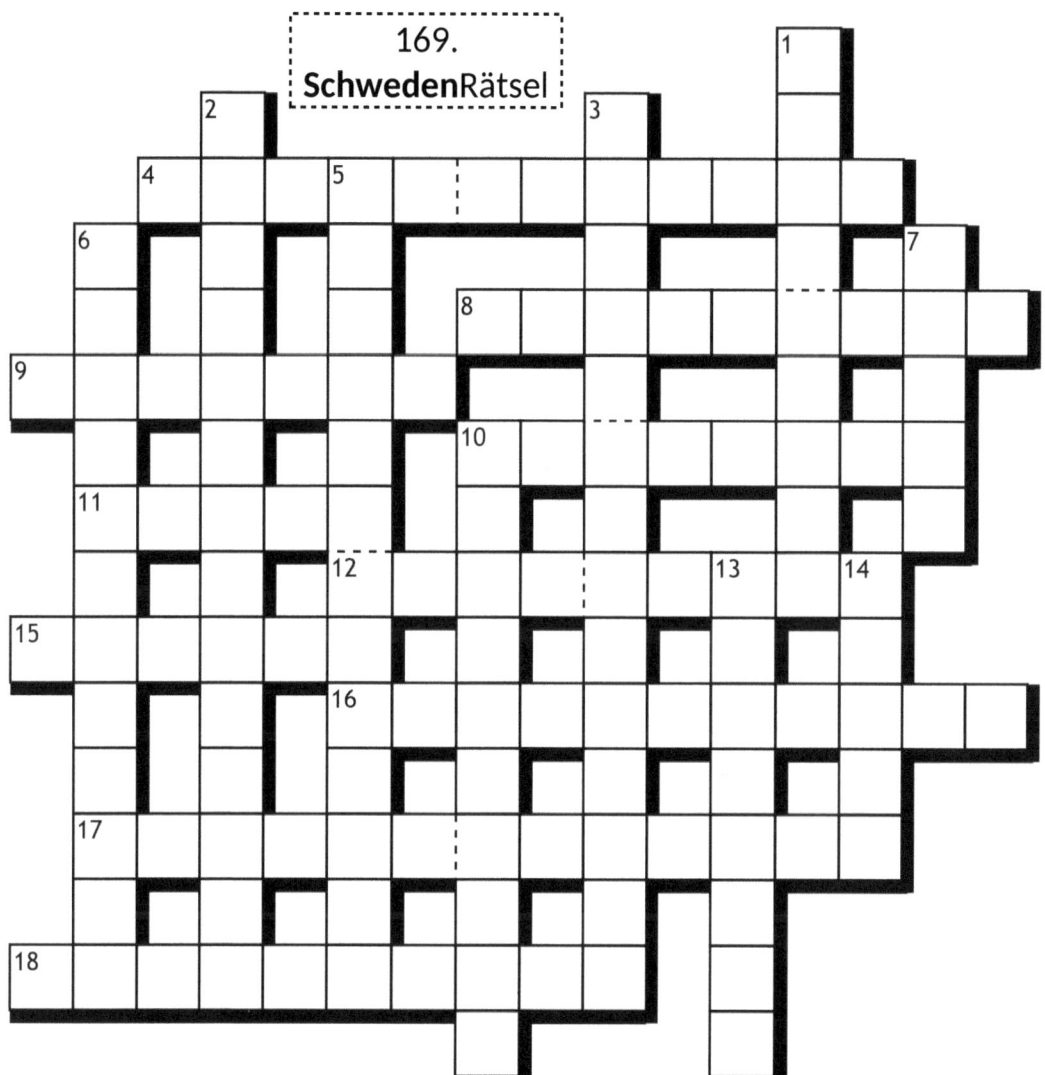

169. SchwedenRätsel

1 schwed. Asienforscher (1865-1952)

2 "Aftonbladet" + "Svenska Dagbladet"

3 schwed. Filmregisseur ("Chocolat", "Der Hypnotiseur")

4 schwed. Superstar der Ufa-Zeit ("La Habanera")

5 schwed. Forscher, entwickelte eine Temperaturskala (°C)

6 Schweden und Norweger aber nicht Italiener

7 Bibi, Sängerin ("Bella Bimba") & Schauspielerin aus S

8 Erland, schwed. Schauspieler ("Szenen einer Ehe")

9 ... Ström, schwed. Autor der Kinderbücher über Gummigutta

10 ⇨ Sigrid Undset - Norwegerin, Selma Lagerlöf - ? ⇩ August, schwed. Autor ("Fräulein Julie")

11 Sportbekleidung für Zlatan Ibrahimović

12 schwed. Begründer der naturkundlichen Systematik [Name ohne Adelsprädikat]

13 veraltete Bezeichnung eines Wikingers

14 Kerstin, schwed. Autorin ("Geschehnisse am Wasser")

15 ... Olzon, schwed. Sängerin ("Shine", 2015)

16 Pippi, Astrid Lindgrens Heldin aus der Villa Kunterbunt

17 schwed. Kinostar ("Casablanca", "Herbstsonate")

18 Elsa, schwed. Philanthropin ("Engel von Sibirien")

Jeder Begriff beginnt mit dem vor der Definition stehenden Buchstaben (in Klammern die Buchstabenzahl). A und Z sind bereits vorgegeben, den Rest muss man selbst bestimmen.

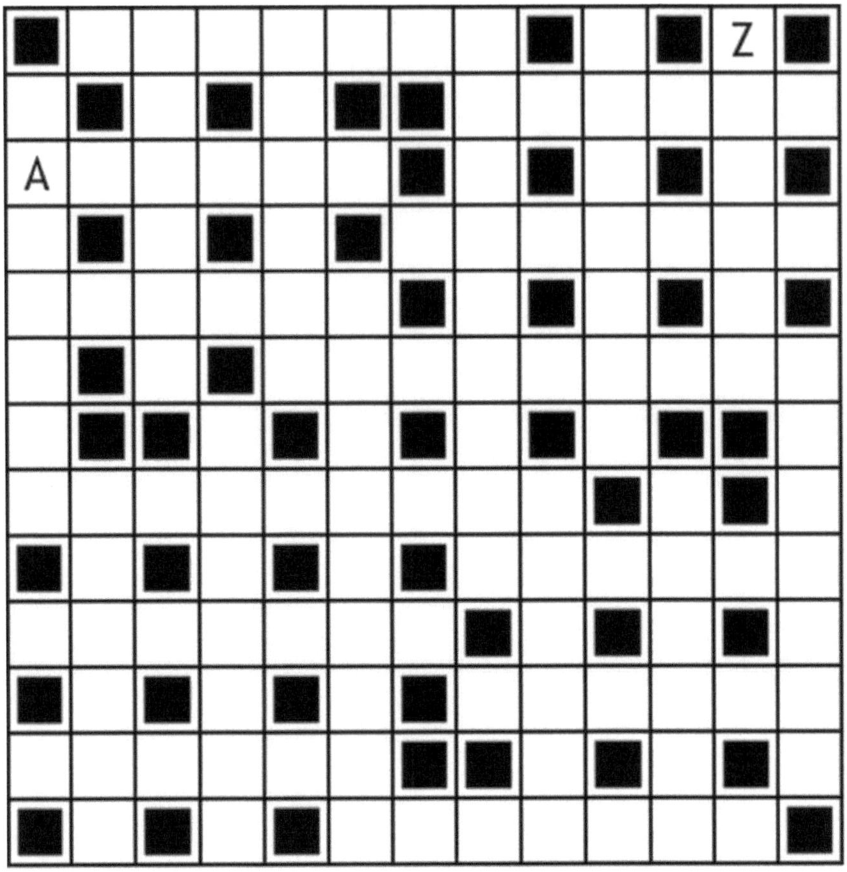

A Zirkus-, Varietékünstler (6)

B kalter Nordwind (dichterisch) (6)

C Weinbrandverschnitt (7)

D Trump oder Tusk (Politiker) (6)

E Nachkomme der zweiten Generation (9)

F Blumenbinder (7)

H britischer Filmstar ("Notting Hill"; 4,5)

I Veranstaltung für Studieninteressierte zu Studienangebot, Dozenten, Campus und ähnlichem Fragenkomplex (7)

J aus Ostasien stammender, sommergrüner Strauch (6)

K Hauptstadt der Republik Sudan (7)

L "Anstreicher" von Autos (9)

M schottische Tragödie von William Shakespeare (7)

N Schifffahrtskunde (6)

O Fest der Auferstehung Christi (6)

P J - Joule, Pa - ? (6)

Q kleiner, runder, scharf riechender Käse aus Sauermilch (österr.) (7)

R runder Platz (österr.) oder Gedicht (7)

S Kirchenraum für den Geistlichen (9)

T Trinidad und ..., Inselstaat (6)

U ... auf Balkonien (6)

V ausländische Währung (6)

W durch dicke Mauern, Bastionen geschützte Burg(anlage) (7)

Y Gangsterfilm mit Robert Mitchum in Japan (6)

Z kleines, zirpendes Insekt (6)

171. Kokon

In jeder Reihe (Zeile) wird von oben nach unten ein Buchstabe - in dem markierten Kästchen - gegen einen anderen ausgetauscht. Aus den zur Verfügung stehenden Buchstaben ist dann ein neues Wort (Substantiv) zu bilden.

Gesuchte Begriffe (in willkürlicher Reihenfolge):
* Laubbaum * Organ * Organ * Teigware

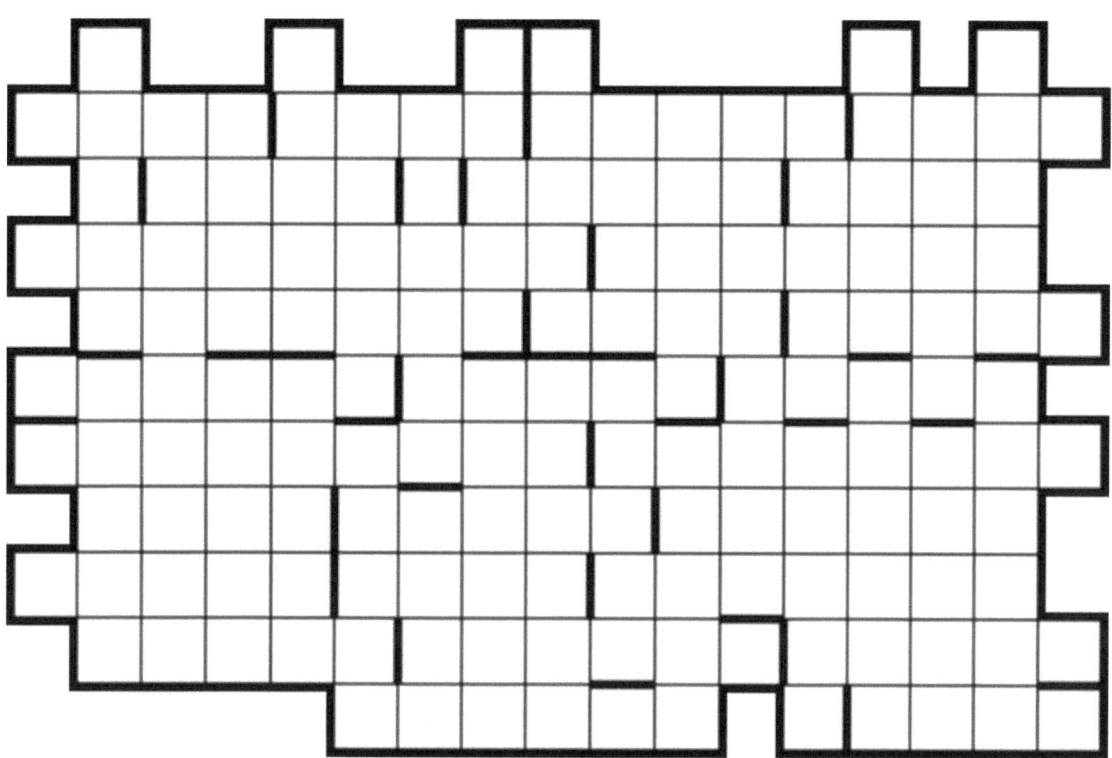

in Reihen (⇨):
- Leopold, erster Bundeskanzler Österreichs nach dem Zweiten Weltkrieg
- Süssmuth oder Hayworth
- "Die Abenteuer des ... Jacob", Komödie mit Louis de Funès
- Zeichensatz (EDV)
- Klebstoff in "Abfalleimer"
- Johanna Wokaleks Rolle in "Barfuss" (2005)
- Papi und ...
- "kleine, freche, schlaue" Bewohnerin der Klatschmohnwiese (5,4)
- **dunkler** Teil des Internets
- Gestell für Geschirr, Bücher
- welke Blätter
- J. ... Hoover, 1. FBI-Chef
- Gabel, Löffel, ...
- Hülsenfrucht in Schoten
- Begründer der ersten Herrscherfamilie Ungarns
- Land mit fünf Vulkanen im Wappen
- berittener Stierkämpfer
- Pet ... Boys (synth-pop duo)
- "trübes" Trinkgefäß
- Plan, Zeichnung, Entwurf
- Gesichtsausdruck
- ... und Gemüse (im Laden)
- ... und Stoßen (Gewichtheben)
- sehr hell und blendend
- nützliche Insekten
- größte Stadt des Ostalbkreises
- größte römische Heereseinheit
- "Der ... der Ringe", Kinotrilogie nach Tolkien

172. Balkenrätsel

in Kolumnen (⇩):
- Mittelmeer-Kiefer
- sehr kalt, frostig
- Forschungsobjekt eines Glaziologen
- 1982 - Nicole, 2010 - ?
- längster Nebenfluss der Rhone
- "Der ... der Welten" von H.G. Wells
- männliche Stockente
- auf ... und ewig
- Riff mit Lagune
- Nomadenvolk der Sahara
- Weltgeistlicher in Frankreich
- Flaschenzug (Seemannsspr.)
- durch Kamindreck geschwärzt
- Gelände; Gebiet
- äußerer Teil einer Festung
- Oper von Giuseppe Verdi
- Kugel aus Gas im All
- Fahrt ins ... (ohne bekanntes Ziel)
- Odeon - Odeons, Odeum - ?
- ungezügelte Rohheit
- Zeidler unter Züchtern
- geistreiche Abhandlung
- Geldbetrag für Leergut
- jüdisches Fest
- ...-3-Fettsäure
- großer Flur
- Schlager (1976) von Costa Cordalis
- ... und Doria (ugs.)

in Reihen (⇨):
- ☐ indirekte Route
- ☐ Zeitschrift, Fachblatt
- ☐ Spur der Fuchstritte
- ☐ Antonym von Soiree
- ☐ Diebstahl oder Einbruch
- ☐ Teil eines mathematischen Ausdrucks
- ☐ chemischer od. physikalischer Faktor, der Mutationen auslöst
- ☐ Gerätesportler
- ☐ Hauptschlagader
- ☐ Kassenfehlbetrag

in Kolumnen (⇩):
- ☐ Modell, Muster
- ☐ Verfasser eines Werkes der Literatur
- ☐ leiser Schmerz
- ☐ Zahlungsnachlass
- ☐ ... der Allmächtige
- ☐ Hauptinsel der Marianen
- ☐ sitzt im Sattel
- ☐ mit Namen erwähnen
- ☐ nicht süß
- ☐ noch nicht geborenes Lebewesen

173. Kreuzwort

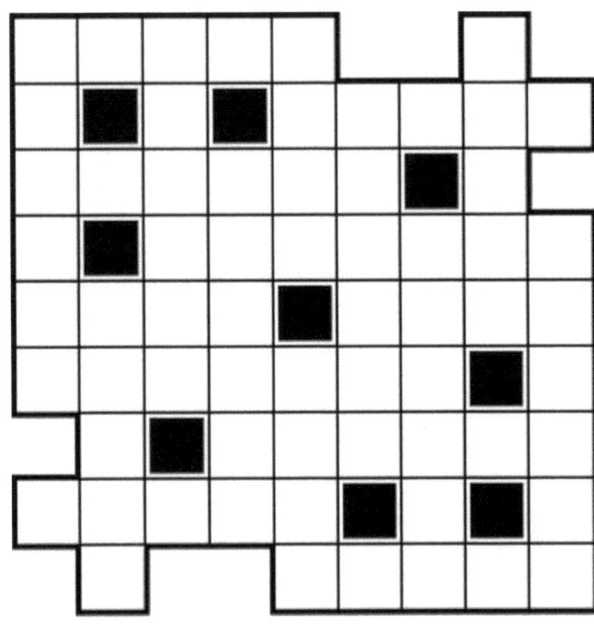

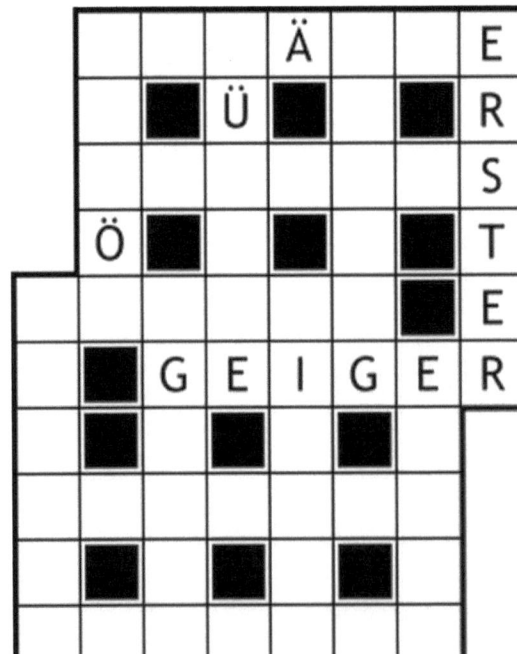

174. Kreuzgitter

in alphabetischer Reihenfolge:
- ○ Todeskampf
- ○ schlüssige Begründung
- ○ den ... riechen (fig.; ugs.) = etwas Unangenehmes od. einen Vorteil frühzeitig bemerken
- ○ Reinigungsgerät
- ○ Dotter
- ○ in sich geschlossene Ganzheit, Verbundenheit
- ○ (Kuh)organ mit zwei oder mehr Zitzen
- ○ Geste
- ○ jmdm. ... schenken = auf jmdn. eingehen
- ○ ungefährlich
- ○ Geländer um das Oberdeck eines Schiffes
- ○ (kleinerer) Raubvogel mit graubraunem Gefieder

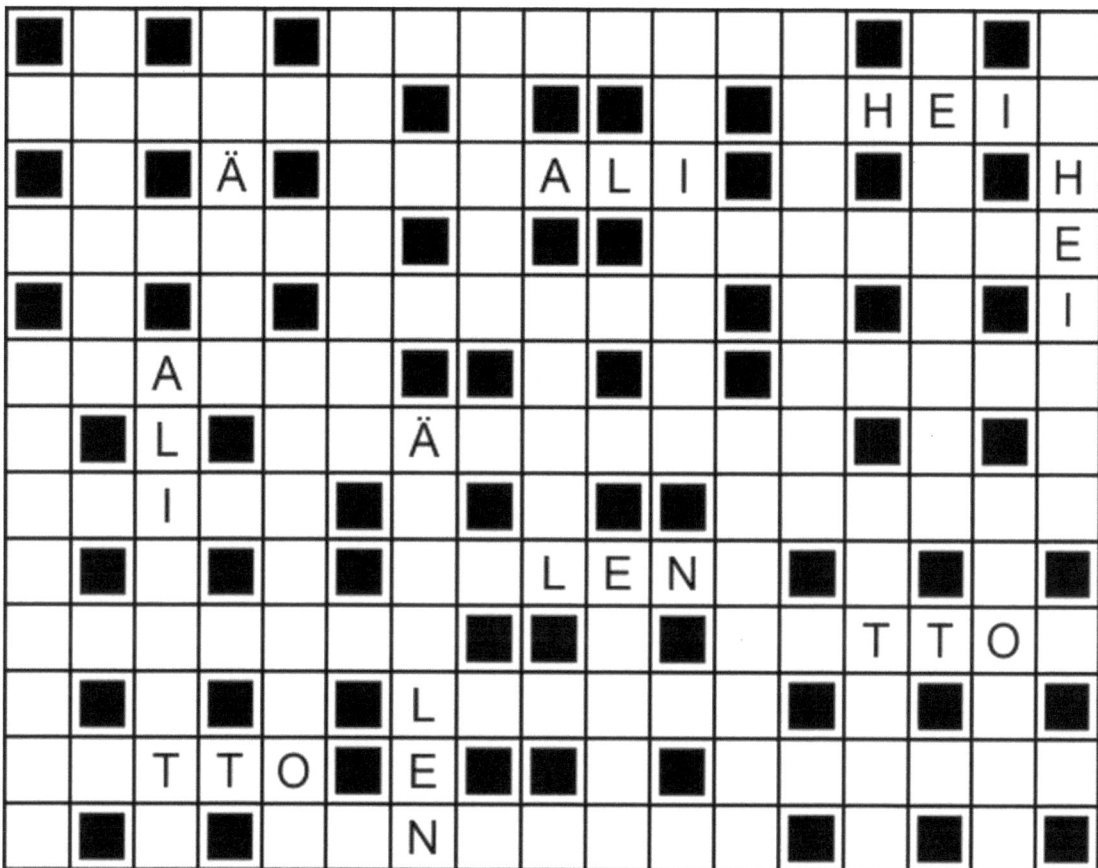

in alphabetischer Reihenfolge:
waagrecht □ | senkrecht ■

- ■ "Jene Einrichtung, bei der einer dafür bezahlt, dass zwei einen Fehler gemacht haben"
- □ laugenartige Verbindung
- ■ Hobbykünstler; Nichtfachmann
- ■ bringt andere auf Touren
- ■ C_2H_4
- □ VHS, DVD, ...
- ■ senegalesische Hauptstadt
- ■ diebischer Vogel
- ■ Belle ... - Zeit in Frankreich zu Beginn des 20. Jahrhunderts
- ■ Linie vom Nord- zum Südpol
- ■ ... Maria Remarque
- ■ Gekreische; Brüller
- ■ zwischen Fürstin und Freifrau

- □ ... Peck, Schauspieler ("Arabeske")
- □ ... Bonham Carter, britische Schauspielerin
- □ Heinrich, bedeutender Physiker des 19. Jh.s
- ■ Wunschbild; Leitgedanke
- ■ Oasis - Brit-Pop, Ricchi e Poveri - ?

---

175. Kreuzgitter

- □ herabstürzende Schneemasse
- ■ Stadt mit dem größten Kopfbahnhof Europas
- □ Auszeichnung für besondere (sportliche) Leistung
- □ Beruf, Handwerk (franz.)
- □ "Max und ..." von Wilhelm Busch

- ■ das Land der goldenen Pagoden
- □ ohne Verpackung
- □ kleine, glatthaarige Hunderasse
- □ Fechtbahn (franz.)
- □ Bingen am ... - Stadt in RP
- □ "Die 39 ..." - Romanverfilmung von Alfred Hitchcock
- □ sibirischer Tiger - "Herrscher der ..."
- □ Kunstwerk auf der Haut
- ■ Gesamtsicht, Gesamtaufnahme (Film)
- □ chemische Substanz gegen gewalttätige Krawallmacher
- ■ schlechte Eigenschaft; üble Gewohnheit
- □ Muse der Sternkunde
- □ Ferien[zeit], freie Tage

in "alphabetischer" Reihenfolge:
- □ ein ... ins Wasser = Misserfolg * Herr aus Teheran
- □ Staatsdienerin * Lehrling (ugs.)
- □ größte Insel im Golf von Neapel * Arthur ... Doyle, Schriftsteller
- □ Provinzler (ugs.) * erster Bühnen- oder Filmauftritt
- □ Quadratwurzel von 49 * Landesteil der Tschechischen Republik
- □ (Wasser)lache * große Anzahl, Menge (ugs.)
- □ heiter, fröhlich oder wolkenlos * Goethe - Germanistin, Shakespeare - ?
- □ banges Gefühl, Ängstlichkeit * Frida, mexikanische Malerin (1907-54)
- □ ... finden = mit Zustimmung aufgenommen werden * Echse oder Krokodil
- □ FC ... München, deutscher Rekordmeister * Ostfriesische ..., in der Nordsee
- □ elliptische Umlaufbahn eines Satelliten * Marktplatz der altgriechischen Stadt
- □ Seitenansicht des Kopfes * kurze und bedeutende Äußerung
- □ Kamala, erste Vizepräsidentin der USA * historische Region mit Straßburg
- □ erwachsene Uschi * Sankt-Elms-..., elektrische Lichterscheinung

176. **Paar**cours

Jedes Wörterpaar kreuzt sich im entsprechenden Buchstaben-feld.

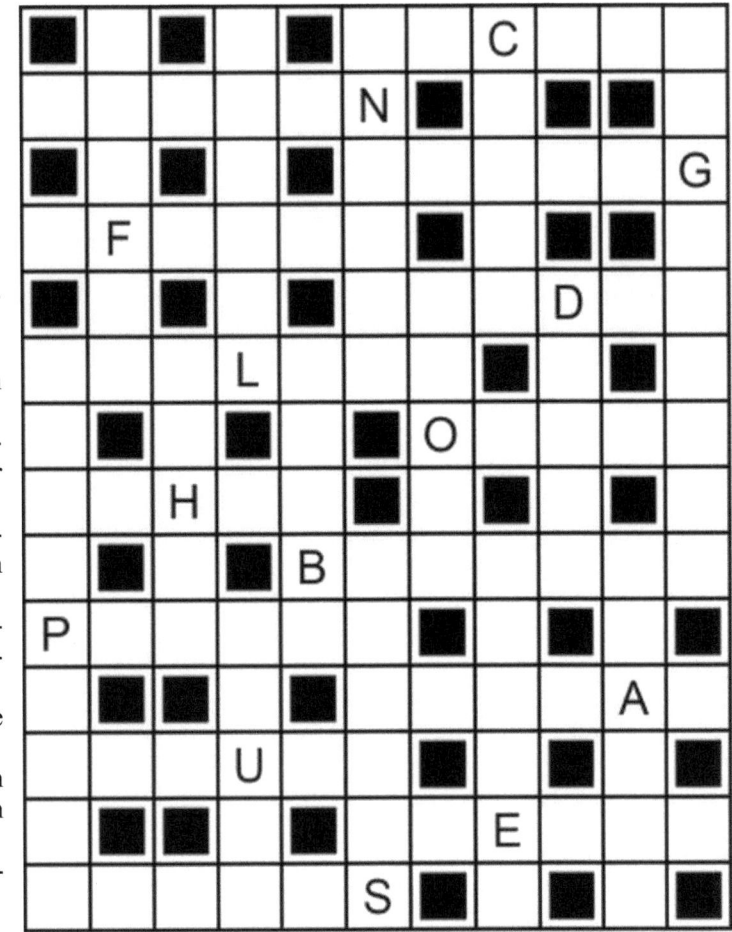

177. Bilderanagramm

Unsere Bundesländer

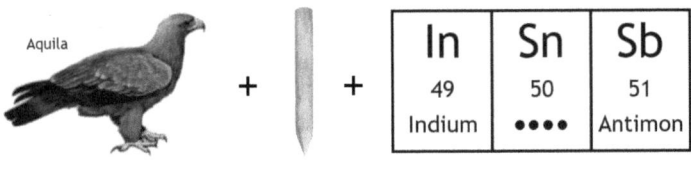

In	Sn	Sb
49	50	51
Indium	••••	Antimon

Aus den Buchstaben der erratenen Begriffe (gepunktete Stellen) kann man den Namen eines deutschen Bundeslandes bilden.

•••••   •••••

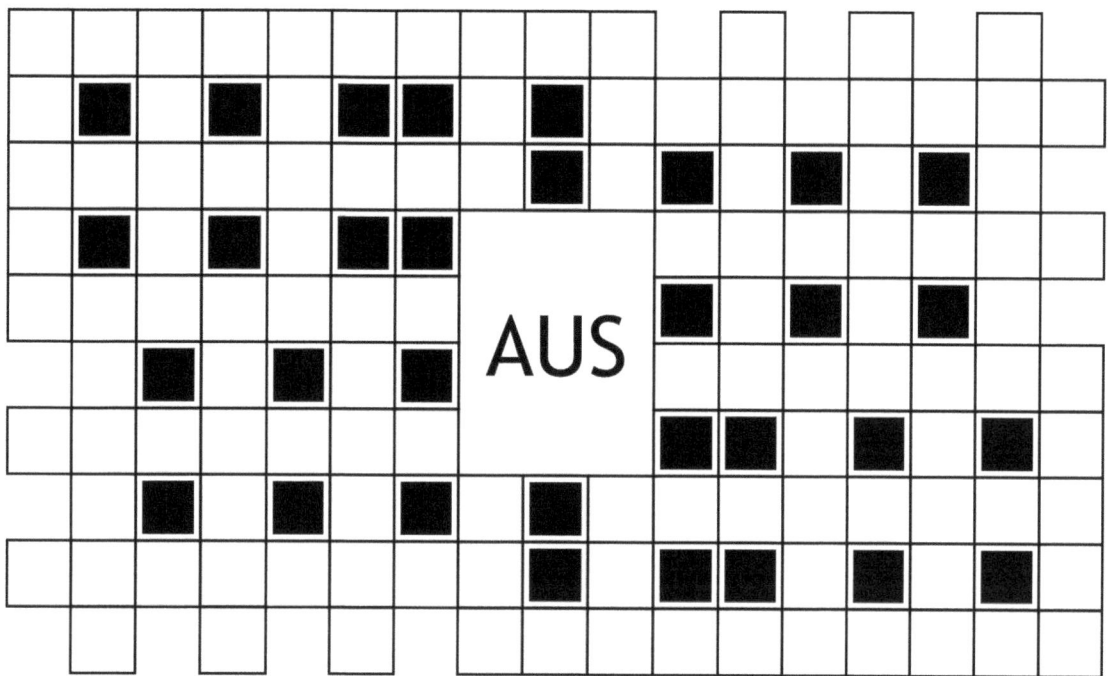

in Reihen (⇨):

○ Theaterstück oder Oper
○ Grundgebet der katholischen Kirche (3,5)
○ Jahrbuch zu einem bestimmten Thema
○ Veranstalter einer EM oder LAGA
○ instabiles Gebilde aus Assen, Königen, Damen...
○ Heimat der Kängurus und Koalas
○ US-Weihnachtsmann mit fliegendem Rentier-Schlitten (5,5)

○ Der Quiz-..., Quizsendung im ZDF
○ Film - Drehbuch, Oper - ?
○ "geile Meile" im Hamburger Stadtteil St. Pauli

---

178. Kreuzwort

in Kolumnen (⇩):

○ Roy, Schlagerstar ("Ganz in Weiß")
○ orientalische Märchengestalt mit der Wunderlampe
○ schwarzer ..., (fast) immer makaber

○ Schauplatz eines Verbrechens
○ Ausbeute der Landwirte
○ "Sechs Tage, sieben ...", Komödie mit Harrison Ford
○ Absauger, Entlüfter
○ Schneiderkarpfen, Bauernkarpfen
○ Dienststelle der Polizei
○ AAR = ...-Amper-Radweg in Bayern
○ "Meine Cousine ...", Roman von Daphne du Maurier
○ drittgrößte Insel der Balearen
○ Alarmsignal der Feuerwehr
○ neunter Tag vor den Iden

---

179. Metagramme

Ach, die romandische Bache und die Sprache(n)

Spannende Nachricht aus der _ _ _ _ _ _ _: M1
Ein _ _ _ _ _ _ _floh über die _ _ _ _ _ _ _! M1, M2
Wieso? Warum? Wo lag der Reiz?
Es wollte nur auf deutsch _ _ _ _ _ _. M2

180. Kreuzwort

in Reihen (in alph. Reihenfolge):
- ☐ Frühstück, Mittagessen, ...
- ☐ Hirsch mit 8 Geweihspitzen
- ☐ jährlich auf eine Aktie entfallender Anteil am Reingewinn
- ☐ dritter Jenny-Aaron-Thriller von Andreas Pflüger
- ☐ Fehler in der Erbanlage
- ☐ geschlechtergerechter Sprachgebrauch
- ☐ bekanntester Jimi unter Gitarristen
- ☐ Ertrag einer Kapitalanlage
- ☐ "Die ... mit der Maus" (TV)
- ☐ Anfang der christlichen Zeitrechnung

in Kolumnen (⇩):
- ☐ Singvögel mit grüngelbem Federkleid
- ☐ Engländer, Schotte oder Waliser
- ☐ rechter Nebenfluss des Dnjepr (Anagramm: Lenz hui)
- ☐ ... Ekland, schwedische Schauspielerin (Bond-Girl; versteckt in "Raubritter")

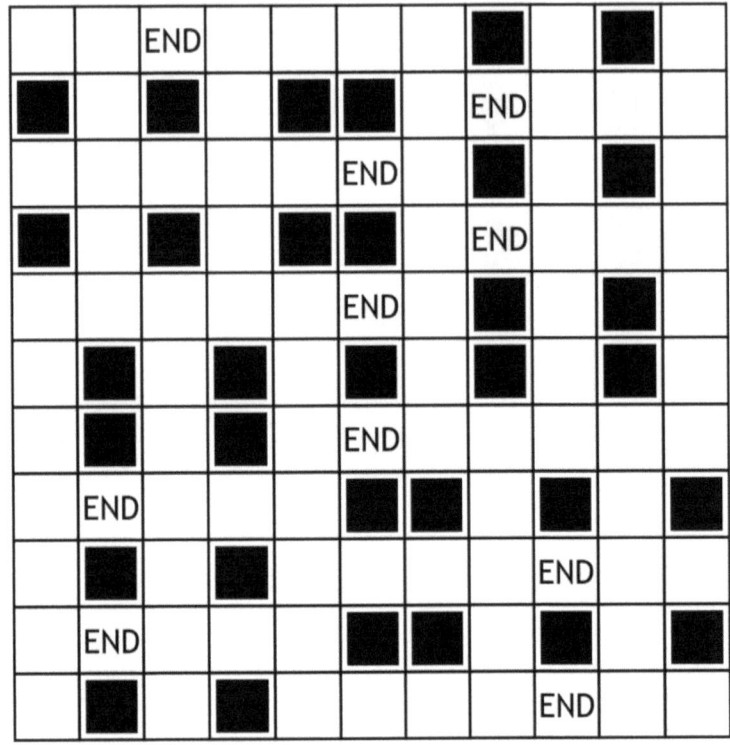

- ☐ endgültiges Fortgehen, Verlassen
- ☐ Sepp - Josef, Resi - ?
- ☐ verhängnisvoll, folgenschwer
- ☐ Louis, Erfinder der Blindenschrift
- ☐ Atmungsorgan der Hechte
- ☐ schriftlicher Textauszug

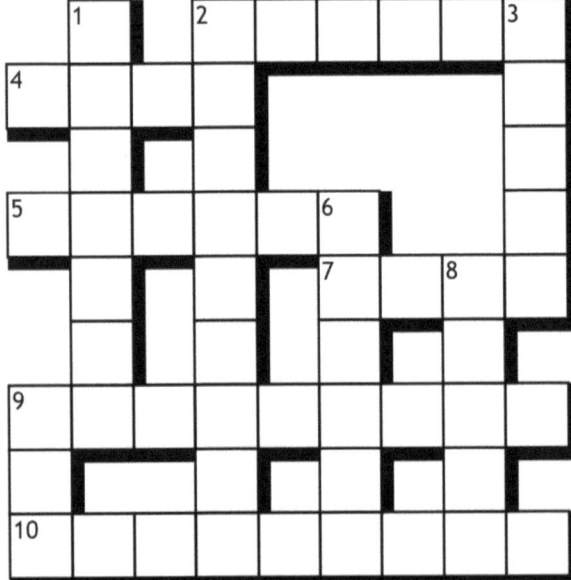

181. zu guter Letzt

1 das Letzte ..., Jüngster Tag
2 ⇨ wie der letzte ... (ugs.) = in ganz übler, schlechter Weise * ⇩ Uncas, der letzte ...
3 den Letzten beißen die ...
4 "Last Action ...", Film mit Schwarzenegger
5 letzter Abschnitt eines Wettlaufs
6 der letzte ... (salopp) = etwas besonders Tolles oder Schlechtes
7 jmdm. die letzte ... erweisen (geh.)
8 seine letzte ... antreten = sterben
9 ⇨ jmds. letztes ... hat geschlagen * ⇩ "Im Herzen der .... Die letzte Fahrt des Walfängers Essex", verfilmtes Buch von Nathaniel Philbrick
10 "Last Christmas" als Ohrwurm für die Ewigkeit

AALEN * AARAUER * AARE * ABAKA * ABART * ABBAU * ABBE * ABBRAND * ABBREMSEN * ABECE * ABEL * ABENDBROT * ABGÄNGER * ABGAS * ABGESANG * ABHUB * ABKOMME * ABLEBEN * ABLEHNEN * ABLUFT * ABORTUS * ABRAUM * ABRISS * ABSENCE * ABSENDER * ABTEI * ABTRENNEN * ABWASCH * ABWASSER * ABWEHRCHEF * ACHAT * ACHTENDER * ACHTSAMKEIT * ACHTZIG * ACKERGAUL * ADAGIO * ADAM RIESE * ADAPTER * ADDUKTOR * ADEBAR * ADENAUER * ADER * ADERN * ADIEU * ADJEKTIV * ADLER * ADLER * ADLIGER * ADMIRAL * ADOLF * ADORF * ADRESSAT * ADRESSE * AFFICHE * AFFRONT * AFGHAN * AFRIKA * AGAVE * AGENDA * AGENTEN * AGENZIEN * AGNAT * AGONIE * AGORA * AGUIRRE * AIDA * AIOLI * AIRBUS * AKAZIE * AKTIE * AKUSTIK * AL GORE * ALADIN * ALAIN * ALAMO * ALARM * ALBANIEN * ALBERN * ALBERTA * ALBION * ALDERMAN * ALEMANNE * ALGE * ALGERIEN * ALIMENTE * ALKALI * ALKOHOL * ALL BLACKS * ALLEN * ALLENDE * ALLTAG * ALLÜRE * ALMANACH * ALOE * ALPAKA * ALPHA * ALSTER * ALTEISEN * ALTER BAUSTIL * ALTIST * ALTKANZLER * ALTLAST * ALWINE * AMADEUS * AMATEUR * AMEISE * AMERIKA * AMIGO * AMMER * AMNESIA * AMULETT * ANALEKTEN * ANALYSIS * ANANAS * ANARCHISMUS * ANBETER * ANDERS CELSIUS * ANDRE * ANDREA * ANDREA BERG * ANEHO * ANERKENNEN * ANETTE * ANEURIN * ANFALL * ANGEBER * ANGEEKELT * ANGEL * ANGELA MERKEL * ANGELINA * ANGIE * ANGLER * ANGLISTIN * ANGRIFF * ANHALT * ANHEIZER * ANHÖHE * ANIMA * ANIS * ANITA * ANKER * ANKLANG * ANKUNFT * ANLAGE * ANLASS * ANLEIHE * ANNA * ANNE FRANCIS * ANNE WILL * ANNIE * ANODE * ANOSMIE * ANRAINER * ANSAGE * ANSCHLAG * ANSELM * ANSPORN * ANSTOSS * ANTALYA * ANTONIO * ANTRAG * ANTRITT * ANWALT * ÄOLSHARFE * AORTA * APOCALYPSE NOW * AQUÄDUKT * AQUARELL * ARABER * ARARAT * AREAL * ARENA * ARENDT * ÄRGERN * ARGON * ARIEL * ARKADIEN * ARKEBUSE * ARME * ARNO * ARPAD * ARRANGEMENT * ARSEN * ART BASEL * ARTE * ARTE JOURNAL * ARTEFAKT * ARTERIE * ARTIKEL * ARTIST * ARZNEI * ARZT * ÄRZTIN * ASANT * ASBEST * ASKESE * ASSE * ASSISTENT * ASTA * ASTAIRE * ASTARTE * ASTER * ASTERIX * ÄSTHET * ASTI * ÄSTUAR * ATELIER * ATEMLOS * ATEMWEGE * ÄTHYLEN * ATOLL * ATOLLE * ATOM * ATOMUHR * ATRIUM * ATTAHÖHLE * ATTENDORN * ATTEST * ATZE * AUDITORIUM * AUERWILD * AUFTRAG * AUGE * AUGUREN * AUKTIONSMARKT * AULA * AUREOLE * AUS ERSTER HAND * AUSBAU * AUSGIEBIG * AUSGUSS * AUSHUB * AUSLÄNDER * AUSRICHTER * AUSSPRUCH * AUSSTIEG * AUSTRALIEN * AUSTRITT * AUSTROPOP * AUTOBAHN * AUTOR * AUTORIN * AUTORITÄT * AVAL * AVANTI * AVE MARIA * AVERS * AZOREN * AZUBI * BADEWANNE * BAIERN * BALANCE * BALDERSCHWANG * BALGEN * BALLON * BAMBUS * BANANE * BANAUSE * BANDSÄGE * BANGEN * BANKGEWERBE * BANN * BARBAR * BARBAREI * BARDAME * BARITON * BAROCK * BARONESS * BARRAGE * BARRIERE * BARSCH * BASAR * BASE * BASEDOW * BASELITZ * BASIS * BASKETBALL * BÄSSE * BASTEI * BAUHOLZ * BAVARIA * BAYERN * BEAMTIN * BEBEN * BECHER * BECKETT * BEDENKZEIT * BEDUINEN * BEEREN * BEGINN * BEHERBERGEN * BEHÖRDE * BEIFALL * BEINAH * BEINBRUCH * BEINE * BEISPIEL * BELGIER * BELIZE * BELLADONNA * BENEDIKT * BERATER * BERET * BERLIN * BERLINER BÄR * BERMUDA DREIECK * BERMUDAS * BERNER * BESEN * BESESSEN * BESSON * BESTATTERIN * BESTECK * BESTIE * BETA * BETÄTIGEN * BETON * BETRIEB * BETRÜGER * BETT * BEUGSAM * BEWEIS * BEZUG * BIBER * BIEDERMANN * BIELEFELD * BIENCHEN * BIENE * BIENE MAJA * BIENEN * BIER * BIERKISTE * BIEST * BIG

BEN ˙ BIGOS ˙ BIKINI ˙ BILDTAFEL ˙ BILL ˙ BINOKEL ˙ BINSE ˙ BISCHOF ˙ BIZET ˙ BLACK ˙ BLÄCK FÖÖSS ˙ BLANCO ˙ BLASPHEMIE ˙ BLAUBEERE ˙ BLAUE ˙ BLAUMOHN ˙ BLAURING ˙ BLECH ˙ BLECHDOSE ˙ BLIER ˙ BLÖDIAN ˙ BLU-RAY ˙ BLUEJEANS ˙ BLUES ˙ BLUFF ˙ BLUTTAT ˙ BODEGA ˙ BODENSEE ˙ BOHNE ˙ BOHNEN ˙ BOMBER ˙ BONBON ˙ BOREAS ˙ BOSNIEN ˙ BOSNIEN UND HERZEGOWINA ˙ BRAILLE ˙ BRÄNDSTRÖM ˙ BRATEN ˙ BRATSPILL ˙ BRAUCH ˙ BRAUSEBAD ˙ BRAUT ˙ BREATH ˙ BREITE ˙ BREITNER ˙ BRENNOFEN ˙ BRETT ˙ BRIDGE ˙ BRIGITTE ˙ BRITANNIEN ˙ BRITE ˙ BRITT ˙ BROSCHE ˙ BROSNAN ˙ BROTHERS ˙ BRUCH ˙ BRÜCKEN ˙ BRUDER ˙ BRUNFT ˙ BRUTTO ˙ BUENOS AIRES ˙ BÜGEL ˙ BÜHNENWERK ˙ BULGUR ˙ BURGHOF ˙ BURSCHE ˙ BÜRSTE ˙ BURT LANCASTER ˙ BUSSARD ˙ BÜSTE ˙ CAMERON ˙ CANNABIS ˙ CAPOTE ˙ CARL LINNE ˙ CAROLINE ˙ CARSTEN ˙ CASTLE ˙ CAUGHT ˙ CELTIC ˙ CENTMÜNZE ˙ CENTRAL PARK ˙ CHA-CHA-CHA ˙ CHAMPION ˙ CHAOS ˙ CHARITE ˙ CHARTA ˙ CHARTER ˙ CHATLINE ˙ CHILENE ˙ CHILI ˙ CHORUS ˙ CIAO ˙ CINEAST ˙ CLARK GABLE ˙ COLIN FIRTH ˙ COMES ˙ CON AIR ˙ CONAN ˙ CONNERY ˙ CONNIE NIELSEN ˙ CORNED ˙ CORRIDA ˙ COUPAGE ˙ COWBOY ˙ CREATURES ˙ CRIME ˙ CRISTINA ˙ CRUISER ˙ CRUSOE ˙ CURSOR ˙ DACKEL ˙ DAHEIM ˙ DAHIN ˙ DAKAR ˙ DALTON ˙ DAMASKUS ˙ DAMAST ˙ DAMEN ˙ DÄMPFER ˙ DÄNEN ˙ DANIEL KEHLMANN ˙ DÄNIN ˙ DARIO ˙ DARKNET ˙ DARLEHEN ˙ DASEIN ˙ DASSEL ˙ DAUMEN ˙ DAVID NIVEN ˙ DEBÜT ˙ DEFEKT ˙ DEKADE ˙ DELTA ˙ DENEB ˙ DENEUVE ˙ DENKART ˙ DENKRAUM ˙ DENTIST ˙ DEPOT ˙ DEPPERT ˙ DERLEI ˙ DESASTER ˙ DESIRE ˙ DESPOT ˙ DESSERT ˙ DESSIN ˙ DETEKTIV ˙ DETORSION ˙ DEUTER ˙ DIANA ˙ DICHTERISCHE FREIHEIT ˙ DIEB ˙ DIELE ˙ DIETL ˙ DIKTATUR ˙ DINER ˙ DIREKT ˙ DISEUSE ˙ DIVIDENDE ˙ DJANGO ˙ DOLITTLE ˙ DOLLART ˙ DONALD ˙ DONNER ˙ DÖRFER ˙ DORSCH ˙ DORTMUND ˙ DOSIS ˙ DRAGEE ˙ DRAIN ˙ DRALL ˙ DRAMA ˙ DRANG ˙ DRÄNGLER ˙ DREHBUCH ˙ DREHORT ˙ DREIBEINE ˙ DRELL ˙ DRESDEN ˙ DRESS ˙ DREWS ˙ DRITTEL ˙ DROSSEL ˙ DRÜSE ˙ DSCHUNKE ˙ DUBLETTE ˙ DUETT ˙ DUKTUS ˙ DULZINEA ˙ DUMDUM ˙ DÜNNE VASE ˙ DURCHFALL ˙ DUSTIN ˙ DYNASTIE ˙ E-FAHRZEUG ˙ EAGLE ˙ EARTH ˙ EASTERN ˙ EAU DE COLOGNE ˙ EBER ˙ EBNUNG ˙ EBOLA ˙ EBONIT ˙ ECHSE ˙ ECHSEN ˙ ECHT ˙ ECKE ˙ ECKSTEIN ˙ ECKTISCH ˙ EDAMER ˙ EDELFRAU ˙ EDELMUT ˙ EDGAR ˙ EDIKT ˙ EDIKTE ˙ EDITIEREN ˙ EDITION ˙ EFENDI ˙ EFFET ˙ EGOMANE ˙ EHEBETT ˙ EHEKRISE ˙ EHEPAAR ˙ EHERN ˙ EHRE ˙ EHRENGAST ˙ EHRENRUNDE ˙ EIBISCH ˙ EICHE ˙ EICHEL ˙ EIER ˙ EIFER ˙ EIFERER ˙ EIGELB ˙ EIGENNAME ˙ EIGNER ˙ EILAND ˙ EILEN ˙ EINBAU ˙ EINBÜSSEN ˙ EINER ˙ EINGANG ˙ EINGIPSEN ˙ EINHEIT ˙ EINREDE ˙ EINS ˙ EINSAGER ˙ EINSAGERIN ˙ EINSATZ ˙ EINSER ˙ EINSITZ ˙ EINSTEIN ˙ EINZELBETT ˙ EISBEUTEL ˙ EISBLUME ˙ EISEN ˙ EISENKRAUT ˙ EISHOCKEY ˙ EISIG ˙ EISLEBEN ˙ EISREVUE ˙ EISSALAT ˙ EISSEGELN ˙ EISTEE ˙ EITEL ˙ EITER ˙ EKLAT ˙ EKMAN ˙ EKSTASE ˙ ELASTASE ˙ ELBER ˙ ELEFANT ˙ ELEKTOR ˙ ELEKTRA ˙ ELEKTROAUTO ˙ ELEKTROMESSER ˙ ELEMENT ˙ ELEMI ˙ ELEUTHERA ˙ ELEVE ˙ ELFMETER ˙ ELLIPSE ˙ ELOHIM ˙ ELRITZE ˙ ELSASS ˙ ELSTER ˙ ELTERN ˙ ELTERNRAT ˙ ELYSIUM ˙ EMAIL ˙ EMAILLE ˙ EMBRYO ˙ EMEUTE ˙ EMIR ˙ EMIRATE ˙ EMPFANG ˙ EN BLOC ˙ ENDE ˙ ENDEMIE ˙ ENDGERÄT ˙ ENDLOS ˙ ENERGIE ˙ ENGOBE ˙ ENIDE ˙ ENKELIN ˙ ENKELKIND ˙ ENKLAVE ˙ ENTASIS ˙ ENTENTE ˙ ENTENWAL ˙ ENTERN ˙ ENTERON ˙ ENTERTASTE ˙ ENTGELT ˙ ENTLEIN ˙ ENTROPIE ˙ ENTSATZ ˙ ENYA ˙ EOLITH ˙ EPHRON ˙ EPIDEMIE ˙ EPIGENESE ˙ EPIKER ˙ EPILOG ˙ EPISODE ˙ EPOCHE ˙ EPOQUE ˙ EPSILON ˙ ERBARMEN ˙ ERBAUER ˙ ERBE ˙ ERBSE ˙ ERBTANTE ˙ ERDACHSE ˙ ERDE ˙ ERDGAS ˙ ERDSTOSS ˙ ERDTRABANT ˙ EREIGNIS ˙ ERFINDER ˙ ERGEBNIS ˙ ERIC ˙ ERICH ˙ ERITREA ˙ ERLASS ˙ ERLE ˙ ERLEBEN ˙ ERLÖS ˙ ERNA ˙ ERNEST HEMINGWAY ˙ ERNEUERUNGSSCHEIN ˙ ERNST ˙ ERNTE ˙ ERNTEHELFER ˙ EROBERER ˙ ERPEL ˙ ERRATISCH ˙ ERRATUM ˙ ERREGER ˙ ERROL ˙ ERSEHEN ˙

ERSTBEZUG * ERSTEHER * ERSTER * ERSTER GEIGER * ERSTWAGEN * ERTL * ERWIN * ERWINE * ESEL * ESELEI * ESELEIN * ESKIMO * ESPLANADE * ESPRIT * ESRA * ESSAY * ESSAYIST * ESSEN * ESSLUST * ESTANZIA * ESTIN * ESTRADE * ESTRAGON * ETAGE * ETAGERE * ETAT * ETHIK * ETHIKER * ETHOS * ETIKETT * ETÜDE * EUGENE * EULE * EULENFLUG * EURASIEN * EURO * EUROPA * EUROPARAT * EUROPAREKORDLERIN * EUTER * EVANGELIST * EVENT * EVERGREEN * EXAKT * EXAMEN * EXARCH * EXHAUSTOR * EXOPLANET * EXPERTE * EXSUDAT * EXZERPT * **FACKEL** * FÄHRTE * FAKT * FALSCHER REIS * FALTE * FANFAN * FANPOST * FANTAST * FARBE * FARBFILM * FARBMÜHLE * FARMERIN * FASSADE * FASTEN * FATAL * FAUTEUIL * FECHTERIN * FEDER * FEDERN * FEHLPASS * FEIG * FEIN * FEINASCHE * FELDBERG * FELDER * FERIEN * FERSE * FEUER * FIDELIO * FIEDEL * FIGL * FILMSTAR * FILMSTUDIO * FILMTAGE * FINISH * FINK * FINNEN * FIRN * FISCH * FLAKON * FLAMME * FLANEUR * FLANKE * FLASCHE * FLEISS * FLIEGEN * FLIRT * FLORENCE * FLORETT * FLORIDA * FLORIST * FLUG * FLUGHUND * FLUNDER * FLUSSSPAT * FOLLETT * FONT * FONTANE * FOPPEREI * FORBES * FORT KNOX * FORTE * FORTUNA * FOSSIL * FOUL * FRAGEREI * FRAGEWORT * FRANKFURTER * FRANZOSEN * FRAU HOLLE * FREESIE * FREIFRAU * FREITAG * FREUNDE * FRIEDE * FRIEDEN * FROSCH * FRÜH * FÜNFHUNDERT * FÜNFTE KOLONNE * FÜNFZIG * FURORE * FUSSBALL * FUSSWEG * FUTON * FÜÜRTÜFEL * **GABEL** * GADEN * GALEERE * GALGEN * GAMBE * GAMMA * GANDHI * GANGSTER * GANGSTERCHEF * GANS * GÄNSEEI * GÄRFUTTER * GARNELE * GARTEN * GARTENTÜR * GÄRTNER * GARY OLDMAN * GASALARM * GASMASKE * GATTIN * GAUNER * GAZELLE * GEBÄRDE * GEBER * GEBIET * GEBLÄSE * GEBLENDET * GEBOTE * GEBÜSCH * GEFLÜGEL * GEHABE * GEHEIMNIS * GEHETZE * GEHIRN * GEHÖR * GEHÖRGANG * GEIER * GEIGE * GEISTER * GELATINE * GELBE KARTE * GELEE * GELENK * GELSE * GEMURRE * GENDARM * GENDEFEKT * GENDERN * GENERAL * GENFORSCHERIN * GENOSSE * GENOSSIN * GEOLOGIE * GEORGE * GERANIE * GERÄT * GERD * GERD MÜLLER * GEREDE * GERICHT * GERMANE * GERMANIA * GERÜSTE * GESCHREI * GESELLE * GESTALT * GESTIK * GESTIRN * GETRÄNK * GETREIDE * GEYSIR * GHETTO * GIBLI * GIGABYTE * GILDO * GINO * GIPSER * GIRAFFE * GIRLANDE * GITARRE * GITTER * GLAS * GLAUBE * GLETSCHER * GMBH * GOALIE * GOETHE * GOLDEN STATE * GOLEM * GOTE * GOTHIC * GOTT * GÖTTIN * GRAB * GRAF DRACULA * GRÄFIN * GRAMMOPHON * GRAMMY * GRANATE * GRASGEFLÜSTER * GRASS * GRASTOPF * GRAT * GRAZER * GREGORY * GREIFEN * GRELL * GRENADA * GRENZE * GRIEBE * GRIMASSE * GRIPS * GROBIAN * GROSSADMIRAL * GROSSRAT * GROTTO * GRUBE * GRUFTIE * GRUMMELN * GRÜNE INSEL * GRÜNKERN * GUAM * GUANAKO * GUARD * GUEVARA * GUILTY * GUINEA * GUNS * GURT * GURUS * GÜTER * **HAARE** * HAARGEL * HAARLEM * HACKEN * HADERER * HAFER * HAGELKORN * HAGER * HAHN * HAKEN * HALBMOND * HALFPIPE * HALLERTAU * HALLO * HALMA * HALS * HALTESTELLENINSEL * HALUNKE * HAMBURG * HAMSTER * HANDKE * HÄNDLER * HANNOVER * HANSDAMPF * HÄNSEL * HANSI * HARMLOS * HARPUNIER * HARRIS * HARRY POTTER * HASE * HAUBE * HAUFEN * HAUHECHEL * HAUPTDARSTELLERIN * HÄUSLER * HAUTFARBE * HAZIENDA * HEADLINER * HEADSET * HEAVEN * HEBER * HEDONIST * HEFT * HEHL * HEIDE * HEIDI * HEILAND * HEILIGE * HEILIGE SCHRIFT * HEINO * HEISSE GRENZE * HEKTAR * HELENA * HELVETIA * HEMSWORTH * HENDRIX * HENGST * HENNE * HENRY FONDA * HERA * HERBST * HERING * HERKUNFT * HERLITZE * HERMES * HERO * HERODES * HEROES * HEROS * HERR * HERR NILSSON * HERRSCHER * HERTHA * HERTZ * HERZOG * HESSEN * HEUHAUFEN * HEULER * HEUREKA * HEUTE XPRESS * HEXER * HEXEREI * HINFLUG * HINTERHALT * HIP-HOP * HIRSCH * HIRSE * HIRTE * HIRTEN * HOBBYRAUM * HÖCKER *

HOFHEIM · HOFMANN · HÖHLE · HÖHLUNG · HOLSTEIN · HONDURAS · HONEGGER ·
HONOLULU · HOOD · HOPFEN · HOPSEREI · HÖRFUNK · HORMONE · HORST · HOSTESS
· HOT DOG · HUBRAUM · HÜGEL · HUGH GRANT · HUGO · HUMANISMUS · HUMANITÄT
· HUMOR · HUND · HUNDE · HUNDELEINE · HUNDERT · HURRA · HUSAR · HYAZINTH ·
HYDRANT · IBIZA · IBSEN · ICE AGE · ICON · IDAHO · IDARED · IDEAL · IDEELL ·
IDEENFÜLLE · IDENTITÄT · IDIOM · IDIOTEN · IDSTEIN · IDYLLE · IGUANA · IKAROS ·
IKARUS · IKONE · ILIADE · ILLER · ILSE · ILTIS · IMAGO · IMKER · IMKEREI · IMMER ·
IMPACT · INDEX · INDOOR · INEDITA · INEGAL · INFOLINES · INFOTAG · INFOTHEK ·
INGRID BERGMAN · INHABER · INHULEZ · INLAND · INNEN · INSASSE · INSEKT · INSEL ·
· INSELN · INSERAT · INSERT · INSIDER · INSTITUT · INTERN · INTIMITÄT · INVERS ·
IOTA · IRAKKRIEG · IRANER · IRBIS · IRENE · IRGENDWO · IRMA · IRONIE · IRRER ·
IRRFAHRT · IRRGARTEN · IRRITATION · IRRSINN · IRRWEG · ISABELLE · ISAR · ISCHIA ·
ISERLOHN · ISLAND · ISMENE · ISRAEL · ISSER · ISTVAN · IT-GIRL · ITALIEN · ITALIENER
· ITALO POP · ITEA · JÄCKCHEN · JAGDHUNDE · JAGDHÜTTE · JAKOBINER · JAKUTE ·
JANNINGS · JASAGER · JEFF BRIDGES · JESUITEN · JOCH · JOHNS · JONAH · JOSE FERRER
· JOSEPHSON · JUDENTUM · JUHN · JUJUBE · JUNGFRAU · K.-O.-SIEG · KABINE · KAHLO ·
KAISER · KAISERIN · KAKAO · KALDAUNE · KALIBER · KALIUM · KALMIT · KALTER
KRIEG · KAMEE · KAMERAMANN · KÄMPFER · KANSAS · KAPELLE · KAPITÄN NEMO ·
KAPLAN · KAPPA · KARAT · KARAUSCHE · KARDINAL · KARDIOIDE · KARELIEN ·
KARETTE · KARIBU · KARIES · KARNATAKA · KARNEOL · KARNIES · KARPFEN · KARTE ·
KARTENHAUS · KASACK · KÄSE · KASEMATTE · KASERNE · KASPISEE · KÄSTNER ·
KASTRAT · KATARINA · KÄTZCHEN · KATZE · KEFIR · KEGELN · KEHR · KEHRAUS ·
KEILEREI · KEKS · KEKSDOSE · KELTERER · KERATOM · KERMIT · KETZER · KEVIN ·
KHAKI · KHARTUM · KIEL · KIEME · KILLER · KILOWATT · KINDER · KINDERSTREICH ·
KINN · KINZIG · KISTE · KITSCH · KITZBÜHEL · KLAGLOS · KLAMMER · KLANG ·
KLAPISCH · KLAPS · KLARA · KLASSE · KLASSIK · KLEBE · KLECKSEL · KLEI · KLEIDEN ·
KLEINASIEN · KLEINER BELT · KLEINER PROPHET · KLEINGELD · KLIENT · KLINGE ·
KLINGELN · KLINGSOR · KLINKER · KLOPAPIER · KLUFT · KNALL AUF FALL · KNARRE ·
KNECHTEN · KNEIPE · KNETE · KNETKUR · KNIE · KNIPSER · KNÖDELN · KNORPEL ·
KNURRLAUT · KOKOWÄÄH · KOLIBRI · KOLLAPS · KOLLWITZ · KÖLNER TREFF ·
KOLONIE · KOLUMNE · KOMMA · KOMÖDIE · KOMTUREI · KONFERENZ · KONFITÜRE ·
KONIFERE · KÖNIGE · KONSERVE · KONSTANZ · KONSULIN · KONZIL · KORB ·
KORBLEGER · KORNAK · KORSAR · KOSMETIK · KOTSASS · KRAM · KRANICH · KRATZE
· KREATUR · KREBS · KREBSROT · KREDIT · KREDITE · KREDO · KREIDE · KREIS ·
KREMPEL · KRIEG · KRIEGEN · KRIMI · KROKUS · KRÖTEN · KRUSTE · KUBA · KUGEL ·
KUHAUGE · KÜHLRAUM · KUNST · KÜNSTLER · KUPPLUNG · KURIER · KÜSSE ·
KUTSCHE · LABEREI · LACKIERER · LAHME ENTE · LAICH · LAMBDA · LAMENTOSO ·
LANDEI · LANDEVERBOT · LANDLUFT · LANDRÄTIN · LANDSHUT · LANGER · LANGER
MARSCH · LANGFINGER · LANGSTRUMPF · LANZETTE · LARAMIE · LARIFARI · LARSSON
· LASSE HALLSTRÖM · LASSIE · LATIUM · LATRINE · LATSCHE · LÄTZE · LAUB · LAUERN
· LAUFBAHN · LÄUFER · LAUSANNE · LAVA · LAWINE · LE HAVRE · LEARN · LEBEMANN
· LEBENSBEDARF · LEDER · LEERE · LEGENDAR · LEGENDE · LEGION · LEHRBAR · LEHRER
· LEHRJAHRE · LEICHEN · LEIDER · LEILA · LEIM · LEIPZIG · LEISE · LEISTE · LEISTEN ·
LEKTORAT · LEMMING · LEMURE · LENA · LENKRAD · LENZ · LEON GORETZKA ·
LEONARDO · LEONCE · LEOPARD · LEOPOLD · LERCHE · LERNEIFER · LERNSPIEL · LESE ·
LESEPULT · LETTIN · LEUCHTE · LEUGNER · LEUMUND · LIBERALE · LIBERO · LIBRETTO
· LICHTBILD · LIDER · LIEBE · LIEBENDE FRAUEN · LIEBIG · LIEBSTE · LIEPAJA · LIESE ·

LIFTBOY ˙ LIFTGIRL ˙ LIGNIT ˙ LILIANE ˙ LILIE ˙ LIMA ˙ LIMOUSINE ˙ LINDA ˙ LINDAU ˙
LINDE ˙ LINE ˙ LINK ˙ LINKSHÄNDER ˙ LINZER ˙ LISELOTTE ˙ LISENE ˙ LITAUEN ˙
LITERAT ˙ LITHOSPHÄRE ˙ LITTLE ˙ LITURGIE ˙ LIVLÄNDER ˙ LOHN ˙ LOKATOR ˙ LOTSE
˙ LÜFTCHEN ˙ LUFTNOT ˙ LULATSCH ˙ LUMME ˙ LUNGE ˙ LUPE ˙ LUST ˙ LUSTOBJEKT ˙
LYDIA ˙ LYDIER ˙ MACBETH ˙ MACHER ˙ MACHETE ˙ MACHTWORT ˙ MADAME BOVARY
˙ MADE ˙ MAESTRO ˙ MÄHREN ˙ MAINAU ˙ MAIRÜBE ˙ MAJORAN ˙ MALWINEN ˙ MAMI
˙ MAMMON ˙ MANDARIN ˙ MANGEL ˙ MANIFEST ˙ MANKO ˙ MÄNNER ˙ MAORI ˙
MARABU ˙ MARADONA ˙ MARCUS ˙ MARGARET ˙ MARKTKORB ˙ MAROTTE ˙ MARQUEZ
˙ MARS ˙ MARSCH ˙ MARTIN ˙ MASKE ˙ MASTENTE ˙ MATADOR ˙ MATINEE ˙ MATRATZE
˙ MATSCH ˙ MAU-MAU ˙ MÄUSE ˙ MEDAILLE ˙ MEDEA ˙ MEERWEIB ˙ MEIOSE ˙ MELTAU
˙ MEMBRANE ˙ MENGE ˙ MENSCH ˙ MENSCHENESSER ˙ MERCEDES ˙ MESSE ˙ MESSER ˙
METER ˙ METIER ˙ MEYER ˙ MIAU ˙ MICHAEL ˙ MICHAEL DOUGLAS ˙ MIENE ˙ MIENEN ˙
MIETE ˙ MIGRÄNE ˙ MIKROBE ˙ MIKROSKOP ˙ MIMEN ˙ MINIMAL ˙ MIRA ˙ MIREILLE ˙
MIROSLAV ˙ MISCHER ˙ MISERE ˙ MISTKÜBEL ˙ MITTELN ˙ MITTLER ˙ MODUS ˙
MOGELEI ˙ MOHIKANER ˙ MONETEN ˙ MONGOLE ˙ MONTAUK ˙ MONTEUR ˙ MOON ˙
MOOS ˙ MOPPEL ˙ MORAVIA ˙ MORGEN ˙ MORITZ ˙ MOSEL ˙ MOSTAR ˙ MOZART ˙
MÜNCHEN ˙ MÜNSTER ˙ MÜNZE ˙ MUSEUM ˙ MUTAGEN ˙ MUTANT ˙ MYANMAR ˙
MYRIADEN ˙ NAAB ˙ NABOKOV ˙ NACHRUF ˙ NÄCHTE ˙ NACKEN ˙ NACKIG ˙ NADEL ˙
NADINE ˙ NAGEN ˙ NAHT ˙ NÄHTE ˙ NÄHZEUG ˙ NAHZIEL ˙ NAME ˙ NANDU ˙ NANGA
PARBAT ˙ NARBE ˙ NARGILEH ˙ NASCHER ˙ NASE ˙ NASHORN ˙ NATHALIE ˙ NATURE ˙
NATURTREUE ˙ NAURU ˙ NAUTIK ˙ NEBENMEER ˙ NEHEMIA ˙ NEIGE ˙ NEIGEN ˙ NEISSE
˙ NEMESIS ˙ NENNEN ˙ NEONAZI ˙ NEPHRIT ˙ NEREIDEN ˙ NERO ˙ NERVENGAS ˙ NESSEL
˙ NEST ˙ NETTO ˙ NEU-DELHI ˙ NEUBEGINN ˙ NEUNER ˙ NEUSEELAND ˙ NEVADA ˙ NEW
YORK ˙ NICARAGUA ˙ NICHTS ˙ NICOLAS ˙ NICOLE ˙ NIEDER ˙ NIEDERLANDE ˙ NIELS ˙
NIERE ˙ NIESREIZ ˙ NIETHOSEN ˙ NIGERIA ˙ NIKITA ˙ NILQUELLE ˙ NIMBUS ˙ NINA HOSS
˙ NINJA ˙ NISCHE ˙ NIXON ˙ NONAGON ˙ NONEN ˙ NONNE ˙ NORDISCHE GOTTHEIT ˙
NORDMANN ˙ NÖRGELEI ˙ NORTON ˙ NOSTROMO ˙ NOTFALL ˙ NOTRUTSCHE ˙ NOTTÜR
˙ NOVEMBER ˙ NUDEL ˙ NUDELN ˙ NUDITÄT ˙ NUMMER ˙ NUNTIUS ˙ NÜRTINGEN ˙
NUSCHELN ˙ NÜSSE ˙ NÜSTER ˙ NUTE ˙ NYLON ˙ OBELISK ˙ OBELIX ˙ OBERE REGNITZ ˙
OBERSCHLAU ˙ OBERST ˙ OBST ˙ OBSTLER ˙ OBWOHL ˙ OCHSE ˙ OCHSENKNECHT ˙
ODEEN ˙ ODER ˙ ÖDIPUS ˙ ÖDNIS ˙ ODYSSEE ˙ OFFERTE ˙ OHRFEIGE ˙ OHRWURM ˙ OKAPI
˙ OKARINA ˙ OKEANIDEN ˙ OKRUG ˙ OKULAR ˙ OLAF SCHUBERT ˙ OLDIE ˙ OLIVER KAHN
˙ OLIVER TWIST ˙ OMEGA ˙ OMIKRON ˙ OMINA ˙ OMINÖS ˙ ONE DAY ˙ ONION ˙ OOPS ˙
OPERATOR ˙ OPERETTE ˙ OPFER ˙ OPOSSUM ˙ OPTIMAL ˙ ORA ET LABORA ˙ ORANGENÖL
˙ ORANGERIE ˙ ORBIT ˙ ORDNER ˙ ORGAN ˙ ORGIE ˙ ORIENT ˙ ORIENTIERUNGSSINN ˙
ORIGAMI ˙ ORIGINAL ˙ ORNAT ˙ OROGENESE ˙ ORTER ˙ OSIRIS ˙ OSMANE ˙ OSMIUM ˙
OSMOSE ˙ OSTALPEN ˙ OSTEREI ˙ OSTERN ˙ OSTEUROPA ˙ OSTSEE ˙ OTALGIE ˙ OTTER ˙
OTTO ˙ OZEAN ˙ PAARMAL ˙ PALADIN ˙ PALAIS ˙ PALAST ˙ PALME ˙ PANNENSERIE ˙
PAPAGEI ˙ PAPUA ˙ PARANOIA ˙ PAROCHIE ˙ PAROLI ˙ PARSEC ˙ PARTEI ˙
PARTEISPRECHER ˙ PASCAL ˙ PASSAGIER ˙ PASSAH ˙ PASTA ˙ PATIENT ˙ PATRICK ˙
PATRON ˙ PATSCHE ˙ PAUL NEWMAN ˙ PEGASOS ˙ PEGEL ˙ PEILER ˙ PEKTIN ˙ PELIKAN
˙ PELZTIER ˙ PEPPONE ˙ PERIODE ˙ PERLSAND ˙ PERVERS ˙ PESSIMIST ˙ PETER ˙ PETER
FINCH ˙ PETERMANN ˙ PETITION ˙ PFAHL ˙ PFAND ˙ PFÄNDER ˙ PFANNE ˙ PFARRER ˙
PFENNIG ˙ PFERD ˙ PFROPFEN ˙ PFUND ˙ PFÜTZE ˙ PHARAO ˙ PHASE ˙ PHYSIKUM ˙ PIAF
˙ PICOBELLO ˙ PIEPEN ˙ PIEPMATZ ˙ PIERROT ˙ PILGER ˙ PINGUIN ˙ PINIE ˙ PINKEPINKE
˙ PINSCHER ˙ PIOTR ˙ PIRSCH ˙ PLANCHE ˙ PLANCK ˙ PLATTFORMWAGEN ˙ PLATTFUSS
˙ PLATZEN ˙ PLAUSCH ˙ PLAY ˙ PLAY-OFF ˙ PLIOZÄN ˙ PLOCK ˙ PODOLSKI ˙ POESIE ˙

POKER * POLDER * POLEN * POLIZEI * POLTERER * POLYP * POMADE * POMMERN * POOR * PORTER * POSE * POSTAMT * POSTER * POWER * PRADO * PRATER * PREMIERE * PRESSESTELLE * PRETTY WOMAN * PREUSSEN * PRIOR * PRISE * PROBIEREN * PROBIERER * PROFIL * PROGRESS * PROSEKTOR * PROST * PRÜFUNGEN * PRUNK * PSEUDONYM * PULLI * PURGA * PURPUR * **QUADRAT** * QUADRATUR * QUÄNTCHEN * QUANTUM * QUARGEL * QUEEN * QUERELE * **RABAT** * RABATT * RABATTE * RABAUKE * RABBI * RACHEL * RACLETTE * RADIUM * RADWECHSEL * RAFFGIER * RAIN * RALPH * RAMSCH * RANCHER * RANFT * RANKE * RASENMÄHER * RASEREI * RASEUR * RÄSON * RAST * RATER * RATERIN * RATGEBER * RATSHERR * RAUB * RÄUBER * RAUMMASS * RAY MILLAND * REAGENS * REALIST * REALO * REBHUHN * REBUS * RECHT * RED SPARROW * REDAKTEUR * REDE * REEDER * REEPERBAHN * REET * REFERATE * REFEREE * REFORM * REGAL * REGEN * REGENBOGENFORELLE * REGENBOGENHAUT * REGENNASS * REGENT * REGGAE * REGIME * REGINALD * REHBOCK * REHKITZ * REICH * REICHENAU * REIFEN * REIGEN * REILLY * REIS * REISE * REISELUST * REISSEN * REITER * REIZFIGUR * REKORDE * RELIKT * RELING * REMAGEN * RENATA * RENDITE * RENE * RENEGAT * RENNSTALL * RENOMMEE * RENTIER * RENTNER * REPORTER * REPTIL * RESEDA * RESERVE * RESET * REST * RESULTAT * RESÜMEES * RETURN * REVANCHE * REVIER * REVIEW * REZEPT * RHEIN * RHEINTAL * RHESUS * RHOMBUS * RICHARD * RICHTER * RIEGE * RIEGEL * RIEGEN * RIENZI * RIESE * RIGEL * RIND * RINDE * RINDVIEH * RINGBUCH * RINGERGRIFF * RINGS * RINNE * RINNSAL * RISS * RIST * RITA * RITTE * RITTER * ROADSTER * ROALD * ROB ROY * ROBARDS * ROBBEN * ROBERT * ROBIN HOOD * ROBINSON * RODEO * RODLERIN * ROGER FEDERER * ROGER MOORE * ROGGENBROT * ROHMER * ROKOKO * ROLLE * ROMAN * ROMAN VON EMILE ZOLA * ROMANOW * RONDE * RONDEAU * RONDO * RONET * RÖNTGEN * ROSAROT * ROSENÖL * ROSENROT * ROSS * ROSSI * ROTWEIN * ROURKE * ROUTINIER * ROVERETO * RÜBE * RUBENS * RUBIKON * RÜCKRUNDE * RÜCKTRITT * RUDER * RUDERHAUS * RUDI VÖLLER * RUFER * RUFNAME * RUHRPOTT * RUINE * RUNDUNG * RUPERT * RUPFEN * RUSCH * RÜSSEL * RUSSIG * RUTE * RUTGER * RUTHENEN * **S-BAHN** * SAALWETTE * SAARBRÜCKEN * SAITE * SAKRISTEI * SALAT * SALZIG * SAMSTAG * SAMT * SAMURAI * SANKTION * SANTA CLAUS * SAONE * SARANDON * SARIN * SARMATE * SARONG * SATAN * SATIRE * SATTLER * SAU TOT * SAUBER * SÄUCHEN * SAUER * SÄULEN * SAUNA * SÄURE * SAURE GURKEN * SAVANNE * SCALA * SCHAFKOPF * SCHÄTZING * SCHEICH * SCHEINEHE * SCHERE * SCHEREREI * SCHEU * SCHICHT * SCHIKANEN * SCHIRM * SCHLACHT * SCHLAFWANDLERISCH * SCHLAG * SCHLANGE * SCHLESWIG * SCHLICHT * SCHLIPS * SCHLÖNDORFF * SCHLOSS * SCHLOT * SCHLUCK * SCHMAL * SCHNEE * SCHNEIDIGER MENSCH * SCHNIEFEN * SCHNÖSEL * SCHONUNG * SCHREIBWERKSTÄTTE * SCHROT * SCHTONK * SCHUB * SCHUFT * SCHUPP * SCHWAN * SCHWANK * SCHWANZ * SCHWEDIN * SCHWEIN * SCHWEIZER * SCHWERMETALL * SCHWESTER * SCHWIMMKRAN * SCHWINDLER * SCHWUNG * SCORE * SCOTCH * SEAN * SECHSTES GEBOT * SEE * SEEBEBEN * SEEFAHRT * SEEFUNK * SEEKRIEG * SEEKUH * SEELE * SEEREISE * SEGEN * SEGLER * SEIDE * SEIDEL * SEKTORSPINNE * SELFIESTICK * SELLERIE * SELTENHEIT * SEMIT * SENATOR * SENDUNG * SENIORAT * SENKLOT * SENSEN * SEPP MAIER * SERRA * SERVICE * SESAM * SESSEL * SETS * SETTECENTO * SHADE * SHAG * SHAKE * SHAMPOO * SHARIF * SHEEN * SHOP * SICHEL * SIDERIT * SIEBEN * SIEBENTEL * SIELE * SIGMA * SIGNAL * SIGRIST * SIMENON * SIMON * SINGLE * SINGVOGEL * SINNIG * SINTFLUT * SIPHON * SIRENE * SIRENEN * SITZBALL * SKALA * SKALP * SKANDINAVIER * SKAT * SKATEN * SKELETT * SKORPION * SKYFALL * SLUM * SODE * SODOM * SOFIA * SOIREE *

SOLBAD * SOMBRERO * SOMMER * SONNENBAD * SONNIG * SOPRAN * SORBEN * SOSSE *
SOUL * SPAN * SPANIEL * SPANNER * SPARERIBS * SPARGELBEET * SPARTA * SPARTE *
SPATHA * SPATZ * SPECHT * SPECK * SPEECH * SPEER * SPEISEREST * SPERBER * SPERRE
* SPEZI * SPIELART * SPINAT * SPIND * SPINNE * SPINNER * SPINNRAD * SPION * SPITAL
* SPITZE * SPLITTER * SPOCK * SPORE * SPOREN * SPORN * SPORTSCHAU * SPRACHE *
SPRAY * SPRAYER * SPÜLGANG * SQUASH * STACHEL * STAND * STÄNDER * STANDSPUR
* STAPFE * STAR WARS * STÄRKE * STÄRLINGE * STARR * STATIK * STÄTTE * STAUB *
STAUDAMM * STAUDE * STECKER * STEFANIA * STEFFI * STEIER * STEIG * STEIGER *
STEIL * STEIN * STEINE * STEINOBST * STEIRER * STENOGRAMM * STEPPKE * STERILITÄT
* STERN * STETS * STEUER * STEVEN * STICH * STICK * STICKER * STICKLUFT * STIEL *
STIER * STIL * STILL * STIMME * STIPENDIUM * STIRN * STOA * STOCHEN * STOCK *
STOFF * STOPP * STOPPEL * STORCH * STORE * STRACKS * STRAHL * STRAND *
STRANDBAD * STRÄNDE * STRÄSSCHEN * STRASSE VON MESSINA * STREBE * STREICH *
STREIF * STRENGE * STREUNER * STRICK * STRICKWESTE * STRINDBERG * STRIP *
STRUPPI * STUDENT * STUFEN * STUNDE * STÜNDLEIN * STUNK * STUPSER * STURZSEE
* STUTE * STUTEN * STUTZER * SUADA * SÜLZE * SUPPE * SVEN HEDIN * SWEET *
SYNODE * SZENARIUM * SZENE * TABELLEN * TABLETT * TAFF * TAG DES SIEGES *
TAGESKRIPPE * TAGESTHEMEN * TAGESZEITUNGEN * TAHITI * TAIGA * TALJE *
TALSOHLE * TAMPON * TANACH * TANGRAM * TANKER * TANNIN * TANZ * TAPETE *
TAPIR * TAPPERT * TARIF * TASKFORCE * TASSE * TÄTER * TATORT * TATTOO * TATZEIT
* TAUBE * TAUCHERBRILLE * TAUERN * TÄUFER * TAUSEND * TAXAMETER * TEAM *
TEASER * TEEN * TEEPAUSE * TEER * TEEROSE * TEFLON * TEICH * TEIL * TEILE * TEILS *
TEILUNG * TEINT * TELLER * TEMPERAMENTE * TENGE * TENNSTEDT * TEPPICH *
TERENCE * TERM * TERROR * TERRORAKT * TERTIA * TESTSPIEL * TEUTATES * TEXAS *
THEO * THEOLOGE * THERESE * THERMIDOR * THERMOSKANNE * THESE * THESEN *
THRENOS * THRILL * THÜRINGERIN * TIARA * TIBOR * TIEFEBENE * TIEFEN *
TIEFTAUCHEN * TIERART * TIGER * TIGERAUGE * TIGERIN * TILGUNG * TIRILI * TISCH *
TITANE * TITANIC * TITEL * TJOST * TOAST * TOBAGO * TOBAK * TOBEL * TODD * TOFFEE
* TOKIOER * TOLLE LAGE * TOLSTOJ * TOMBAK * TONART * TÖNEN * TONERDE * TONI *
TONKUNST * TOOTSIE * TOP GUN * TOP TEN * TOREADOR * TORERO * TÖRLESS * TORTUR
* TOSCA * TOTALE * TOUCHPAD * TOUPET * TOURNEETHEATER * TRABI * TRAGE *
TRAINER * TRAKTAT * TRAMP * TRAMPEL * TRAMPELTIER * TRÄNENGAS * TRANSFER *
TRAPANI * TRAPEZ * TRARA * TRASH * TRASSANT * TRÄUMEREI * TRAUZEUGE * TRECK
* TREFF * TREIBERIN * TRENT * TRETMÜHLE * TREU * TREUE * TRIBUN * TRIEB * TRIEL *
TRIERER * TRIO * TROMMELN * TROPE * TROPHÄE * TROSSE * TROTT * TROTTEL *
TRÜBSAL * TRUCKER * TRUMAN * TRÜMMER * TRUNK * TRUTHAHN * TSCHECHEN *
TSCHECHIEN * TUAREG * TUBUS * TÜCKE * TÜNCHE * TURNER * TÜTEN * TWEED *
TWITTER * U-BOOT * U-HAFT * ÜBELTÄTER * ÜBLICHKEIT * UGANDE * UHRKETTE *
UHRZEIT * UKRAINE * UKULELE * ULLA * ULURU * UMBRUCH * UMSATZ * UMWEG *
UMWELT * UMWOHNER * UNBEKANNTER * UNDER FIRE * UNFRIEDEN * UNGARN *
UNGENAU * UNGEZÄHMT * UNGNADE * UNIKAT * UNION * UNIT * UNKEUSCH * UNMUT
* UNSAUBER * UNSER * UNSINN * UNTAT * UNTEN * UNTER * UNTERGEBENE *
UNTERLAGE * UNTUGEND * UNWILLE * UPDATE * URADEL * URAHNE * URAL * URANERZ
* URANIA * URFORM * URKANTON * URKUNDE * URLAUB * UROMA * URSEE * URSTAND
* URSULA * USCHI * USHER * UTAH * UTERUS * VAKAT * VALUTA * VAN GOGH * VASALL *
VENEDIG * VENEN * VENEZIANER * VERANDA * VERBAND * VEREHRUNG * VEREIN *
VERGESSEN * VERGÜTUNG * VERLIES * VERPFLICHTUNG * VERSAGER * VERSÄUMNIS *

VETERAN · VIECHER · VIELEHE · VIERTER PLANET · VIRUS · VOREXAMEN · VORRUNDE · VORSCHAU · VORZEICHEN · **WAAGE** · WACHAU · WACHTEL · WAFFE · WAFFEL · WAHR · WAIGEL · WAL · WALHAI · WALROSS · WALTARI · WALTEN · WANGE · WANNSEE · WAPITI · WARME DUSCHE · WASSER · WAUWAU · WEAPON · WEEKEND · WEGENER · WEGGANG · WEHMUT · WEHRBAU · WEHRLOS · WEINLAGE · WEISSE · WEIZEN · WENDLAND · WERTSCHÄTZUNG · WESEN · WEST · WESTERN · WESTFALE · WETTER · WHARTON · WHITE HOUSE · WICHT · WIDERREDE · WIEGEN · WIEHERN · WIENER · WIENERIN · WILDHUND · WILFRIED · WIND · WINDEL · WINDMÜHLE · WIRBEL · WIRREN · WIRRWARR · WIRTIN · WISCH · WISENT · WITZIG · WOCHEN · WOLFGANG · WOLLUST · WONNE · WRACK · WUNSCH · WUNSCHBRUNNEN · WÜRFEL · WURST · WUTBÜRGER · WÜTER · **XENIZITÄT** · XENOLITH · **YAKUZA** · YUL BRYNNER · **ZAHNPASTA** · ZÄHRE · ZARAH LEANDER · ZAREWNA · ZASTER · ZÄSUR · ZEHN · ZEICHNER · ZEILE · ZEISIGE · ZEITWENDE · ZEMENTIT · ZENSUS · ZEREALIE · ZERO · ZIEGE · ZIEGEL · ZIEHUNG · ZIKADE · ZINN · ZINNE · ZITAT · ZÜNDKERZE · ZUNGE · ZWECK · ZWILLING · ZWÖLFTER MONAT · ZYKLON

Kurze Versformen und Zusatzlösungen (nach Seitennummern)

5. Kürze, Würze | 5. Hülle, Fülle | 10. Kafka + Lord + Meer = Alfred Komarek | 20. Pirol - Tirol, gesungen - gelungen | 23. King Kong | 24. runde - Runde | 28. Essen - Hessen · Wichtig, Hessen, soll - Schleswig-Holstein | 32. fern - Bern - gern | 34. unken - Unken, Lurch - durch | 36. Ein Dekolletee sollte kein optischer Selbstbedienungsladen sein. | 37. Hennen - rennen, kräht - Krähe, Raben - haben | 38. Krise - Brise | 41. Remmidemmi | 42. Blickwinkel | 44. Philip Marlowe | 45. wachsen - Sachsen, Kühe - Mühe · Thüringen - Tür hingen | 46. Denker - Lenker · Hirsche - harsche | 48. Maus - Haus · Schlange | 51. Hahn - Wahn · Beil - Heil | 52. Reden ist Silber, Ausreden sind Gold | 52. Das Fleisch ist willig, aber der Koch ist schwach | 52. Bares - Rares | 53. Charlie Chaplin | 54. Sau - mau, Eber - eben · Frosch - forsch - Dorsch - morsch, Hecht - recht | 56. Gericht - Gericht - Gesicht, Lippe - Rippe | 56. Schlange - Schlinge | 59. Füsse - Nüsse · Erlebnis - Ergebnis | 62. **in Reihen**: 110 - 622 - 99 - 04 - 54 - 48 - 71 - 21 - 1492 - 50 - 1917 - 80 - 451 - 711 | 65. Avantgardisten wissen zwar nicht, wo sie hin wollen, aber sie sind als erste da. | 66. Brandenburg | 66. Robert Lewandowski - Marco Reus | 66. Saarland | 69. Fisch - Tisch - Barsch - barsch - Marsch | 70. Mecklenburg-Vorpommern | 72. Sachsen-Anhalt | 76. Hamburg - Elbphilharmonie | 80. Kater - Kater, Hase - Nase, Hund - rund | 83. mit Ach und Krach | 86. Musical · Abitur - Matura · Jetzt fehlen nur noch acht | 88. Nordrhein-Westfalen | 90. Ameise - Meise | 91. Schleiermacher: Eifersucht ist eine Leidenschaft, die mit Eifer sucht, was Leiden schafft. | 93. Wallensteins Lager · Wal + Ross = Walross | 94. Wenn du ein Kätzchen hast, bist du bald die Mäuse los | 95. Niedersachsen - Naturpark Lüneburger Heide | 98. Zunge - Lunge - Nudel - Linde | 102. Adler + Pfahl + Zinn = Rheinland-Pfalz | 103. Schweiz - Schwein, Grenzen - grunzen